"农家书屋"·"送书下乡工程"入选图书

法律帮助一点通

——合伙纠纷

（修订版）

总主编　袁其国
本册执行主编　李玉环

中国检察出版社

图书在版编目（CIP）数据

合伙纠纷/袁其国总主编．—修订本．—北京：
中国检察出版社，2008. 8
（法律帮助一点通）
ISBN 978 - 7 - 80185 - 156 - 7

Ⅰ．合…　Ⅱ．袁…　Ⅲ．法律 - 基本知识 - 中国
Ⅳ. D920. 5

中国版本图书馆 CIP 数据核字（2008）第 133942 号

法律帮助一点通——合伙纠纷

总主编　袁其国　　本册执行主编　李玉环

出 版 人：袁其国
出版发行：中国检察出版社
社　　址：北京市石景山区鲁谷西路 5 号（100040）
网　　址：中国检察出版社（www. zgjccbs. com）
电子邮箱：zgjccbs@ vip. sina. com
电　　话：(010)68639243(编辑)　68650015(发行)　68636518(门市)
经　　销：新华书店
印　　刷：保定市中画美凯印刷有限公司
开　　本：850mm×1168mm　32 开
印　　张：5. 75 印张
字　　数：127 千字
版　　次：2009 年 5 月第二版　　2012 年 4 月第十七次印刷
书　　号：ISBN 978 - 7 - 80185 - 156 - 7
定　　价：15. 00 元

修订说明

《法律帮助一点通》丛书是一套给百姓看的普法类图书，它可以为百姓维权，替百姓解惑，帮助百姓正确运用法律武器维护自身合法权益。本套丛书自2001年首次出版，共计50余个品种，其内容覆盖了日常生活、工作、学习等方方面面。因本书通俗易懂，内容全面，深受广大读者的肯定和欢迎，先后入选国家“农家书屋”、“送书下乡工程”等项目，并荣获中国法律图书优秀奖。

近年来，我国陆续制定、修改了一批法律法规，为了更加贴近百姓日常生活、工作，真正为解决生活、工作中遇到的各种纠纷和问题提供法律帮助，我们在保持本丛书原有优势的基础上，突出了以下特点：

1. 通俗性。丛书修订时仍坚持立足于实际、扎根于大众、为广大读者服务的原则，以问答形式或案例方式拟设了一些人们日常生活中出现的新问题，并依据现行法律、法规和有关规定，提出了相应的解决办法。

2. 新颖性。本套丛书在修订时根据新颁布的法律、法规和司法解释，对案例及问题做出了最新的评析和解答，其中包括《物权法》、《劳动合同法》等最受关注的法律问题。与此同时，对于原丛书未收录在内的常见纠纷，本次修订也进行了适当的补充。

3. 实用性。此次修订工作，对原书中的内容进行了全面整合：法律未作变动的，其涉及的案例及问题基本保持不变；法律重新颁布、修订的，将其涉及的内容重新分析和阐述；法律已废止、修改的，将丛书中相应的内容进行删减；同时，对于原书中重复或类似的问题，进行了合并和精简，大大增加了本书的实用性和可读性。

中国检察出版社

2008 年 10 月

目　录

一、合伙企业的设立

1 合伙人口头约定设立合伙企业，没有订立书面合伙协议的，合伙企业是否可以有效设立？

甲乙丙三人于2002年5月约定三方成立合伙企业，然后三方提供了设立合伙企业的资金，在工商部门注册时甲利用其同学的关系取得了工商登记，成立了合伙企业，后因工商部门在一年一度的工作检查中，发现甲乙丙三方在设立合伙企业时并没有提交书面的合伙企业协议。那么该合伙企业的设立是否有效呢？

合伙人只是口头约定设立合伙企业，但是没有订立书面的合伙协议，合伙企业是不能有效设立的。订立书面合伙企业协议是合伙企业设立的必备要件之一，缺少这个要件，合伙企业的设立就是不完整的，也是无效的。《合伙企业法》第14条规定："设立合伙企业，应当具备下列条件：……（二）有书面合伙协议……"因此，书面合伙协议是合伙企业成立的法定要件。在这种情况下，工商部门一旦发现合伙人的上述行为，应该对该合伙企业进行处罚，情节严重的，应该撤销登记。《合伙企业法》第93条规定："违反本法规定，提交虚假文件或者采取其他欺骗手段，取得合伙企业登记的，由企业登记机关责令改正，处以五千元以上五万元以下的罚款；情节严重的，撤销企业登记，并处以五万元以上二十万元以下的罚款。”法律之所以规定合伙人须订立书面的合伙协议，这是因为书面的合伙协议宜于保存，可以作为书面的证据，在合伙企业发生问题时，可以将书面的合伙协议作为解决问题的依据。毕竟，口头的合伙协议有很大的不确定性，一旦发生问题，合伙人会各执一词，对合伙人的不同意见，各个合伙人又很难举出证据予以证明，这样无疑会造成问题不能得到及时的解决，最终损害全体合伙人的利益。

一般来说，如果合伙人在设立合伙企业时，没有提交书面的合伙企业协议，那么工商部门是不会受理其注册登记申请的，本案中，工商部门之所以为该甲乙丙三个合伙人办理了注册登记的手续是因为甲疏通了关系，这种情形一旦被发现，是应该按照《合伙企业法》第93条规定处理的，而没有书面合伙协议的合伙企业，其设立也是无效的。

2 合伙人在合伙协议中约定，对合伙债务承担有限责任，该合伙企业是否可以有效设立？

1999年8月，张某与李某约定设立经销本地畅销日用品的合伙企业，由张某提供资金，李某提供销售渠道。同时双方在合伙企业协议中约定，李某愿意承担销售的一切后果，李某同意张某只在出资的范围内承担有限责任，如果合伙企业在经营的过程中，产生了对外负债，由李某承担无限责任。这样的约定是否有效？

合伙企业的本质属性是合伙人承担无限责任，如果某个合伙人只承担有限责任，那么这样的约定就违背了设立合伙企业的初衷。在其他国家的法律中，有对有限合伙的规定，即有的合伙人承担有限责任，有的合伙人承担无限责任。但目前，我国法律没有关于有限合伙的规定，合伙人必须承担无限责任。合伙人的无限责任是指当合伙企业的财产不足以偿还合伙企业的债务时，以合伙人的个人财产继续清偿。《合伙企业法》第14条规定："设立合伙企业，应当具备下列条件：（一）有二个以上合伙人……"我国法律明文规定合伙人对合伙企业债务承担责任。这个规定是强制性规定，当事人不能任意变更。不但合伙人之间不可以约定承担有限责任，而且还要负连带责任，《合伙企业法》第38条规定，合伙企业对其债务，应先以其全部财产进行清偿。第39条规定，合伙企业不能清偿到期债务的，合伙人承担无限连带责任。债务的清偿应按照以下原则进行：（1）清偿标的，必须是到期债务。（2）清偿顺序，必须是先以合伙企业的财产清偿，只有当合伙财产不足以清偿时，才由合伙人以其个人财产清偿。（3）合伙人的所有可执行财产，均可以用于清偿。（4）债权人可以向合伙人中的任何一人或者数人请求清偿全部债务。如果欲投资设立企业的人想对所设立的企业承担有限责任，那么首选应是设立有限公司，在有限公司，股东承担有限责任，这是股东与合伙人的最大区别。如果投资人选择了合伙这种投资方式，那么合伙人必须按照法律的规定承担无限责任。

本案中，李某与张某在合伙企业协议中约定"李某承担销售的一切后果，李某同意张某只在出资的范围内承担有限责任，如果合伙企业在经营的过程中，产生了对外负债，由李某承担无限责任"，这样的约定是与《合伙企业法》相冲突的，是违法的约定，这样的约定是无效的，因此，该合伙企业的设立也是无效的。

3 合伙人提供虚假证明文件出资的，合伙企业是否可以有效设立？

1999 年 7 月，甲乙丙三人打算设立一家合伙企业，于是三人订立了合伙协议，协议中约定甲出资 5 万元，乙出资 3 万元，丙出资 2 万元，共 10 万元注册资本，并在合伙协议中约定，合伙人必须真实出资，否则，虚假出资的合伙人应向真实出资的合伙人承担违约责任。合伙企业成立后，甲乙发现丙出资的 2 万元没有到账，是虚假出资，于是甲乙将丙告上法庭，要求丙承担违约责任。

合伙人必须真实出资，这是合伙企业的组织形式所要求的，《合伙企业法》第 14 条规定："设立合伙企业，应当具备下列条件：（一）有二个以上合伙人。合伙人为自然人的，应当具有完全民事行为能力；（二）有书面合伙协议；（三）有合伙人认缴或者实际缴付的出资；（四）有合伙企业的名称和生产经营场所；（五）法律、行政法规规定的其他条件。"合伙企业必须具备以上条件，否则，原则上不能有效设立，但是在实践中，合伙企业登记注册机关在审查合伙企业是否符合法律规定的条件时，往往采用的是形式审查，即只审查合伙企业提交的设立申请材料是否符合法律的要求，而并不从实质要件上审查合伙企业的设立是否合法。换言之，在合伙企业设立时，有可能会出现合伙企业实际上并不符合设立要件，而最后仍然取得登记的情况，如合伙人提交虚假的出资证明等，在这种情况下，合伙企业虽然已经成立，从形式上看是合法有效的，但是合伙企业实质上不符合法律的要求。《合伙企业法》

第 93 条规定，提交虚假文件或者采取其他欺骗手段，取得合伙企业登记的，由企业登记机关责令改正，处以 5000 元以上 5 万元以下的罚款；情节严重的，撤销企业登记，并处以 5 万元以上 20 万元以下罚款。

本案中，合伙企业中的合伙人丙提交的出资证明是虚假的，有权机关当然可以依法责令其改正，对其处以罚款，或者撤销该合伙企业。如果企业未被撤销，丙的虚假出资行为可以通过事后出资的行为予以弥补，同时应向其他合伙人承担违约责任。

4 精神病人是否可以成为合伙人？

1999 年 5 月，张某与李某准备成立生产性合伙企业，二人约定，由张某提供现金 20 万元作为出资，李某提供生产技术作为出资，作价 10 万元，后订立了合伙企业协议，合伙协议中约定了合伙企业的名称和主要经营场所的地点；合伙目的和合伙企业的经营范围；合伙人的姓名及其住所；合伙人出资的方式、数额和缴付出资的期限；利润分配和亏损分担办法；合伙企业事务的执行；入伙与退伙；合伙企业的解散与清算；违约责任。恰在二人打算去工商部门办理合伙企业注册登记时，李某因为长期的家庭纠纷而患上了间歇性精神病，并已被当地医院确诊，虽然李某的精神病不经常发作，但是一旦发作起来，根本不能从事任何工作，张某不知李某是否可以继续成为合伙人，于是向当地的有关部门进行咨询。

合伙人必须是完全民事行为能力人，所谓完全民事行为能力人是指能独立实施民事法律行为，无须借助其他人的帮助就可以完成一定行为的人，在我国主要是指 18 周岁以上的成年人。《民法通则》第 11 条规定：“十八周岁以上的公民是成年人，具有完全民事行为能力，可以独立进行民事活动，是完全民事行为能力人。”除了完全民事行为能力人之外，还有限制民事行为能力人与无民事行为能力人。限制民事行为能力人主要是指10周岁以上不满18周岁的人及间歇性精神病人，无民事行为能力人是指10周岁以下的儿童及精神病人。这两类人都是非完全民事行为能力人，都需借助其他人的帮助来从事一定的行为。

本案中，李某患的是间歇性精神病，属于限制民事行为能力人，虽然在未发病期间，李某可以从事一些基本的行为，但是什么时候发病是很难掌握的，李某也就没有执行合伙企业事务的能力。《民法通则》第13条规定：“不能完全辨认自己行为的精神病人是限制民事行为能力人，可以进行与他的精神状况相适应的民事活动；其他民事活动由他的法定代理人代理，或者征得他的法定代理人的同意。”《合伙企业法》第14条规定，合伙人为自然人的，应当具有完全民事行为能力。因此，从目前的精神状况来看，李某还不能设立合伙企业，想要成为合伙人，只有等到疾病痊愈才可以。其实，在我国不仅《合伙企业法》规定了合伙人必须具备完全民事行为能力，其他的法律也有直接或间接的规定，如《公司法》。

5 未成年人是否可以成为合伙人？

丁某与邢某是好朋友，17岁，两人初中毕业后一直在纺织厂工作，如今纺织厂的生意不如从前了，厂子还欠了每人两个月的工资没有发。于是二人萌发了辞职并自己创业的念头。二人看到当地的蔬菜水果都是从邻近的农村运来的，可是由于运输队很少，导致运过来的蔬菜和水果价格很高，于是二人便打算买几辆三轮车，自己搞运输贩卖蔬菜和水果，从中赚差价。二人的想法很快得到双方父母的同意。二人将一年多来赚的钱凑在一起共3万元买了一辆三轮车。在申请工商注册合伙企业时，由于二人都未满18周岁，工商部门作出了不予注册登记的决定。工商局的理由是根据《合伙企业法》第14条的规定，合伙人应当为具有完全民事行为能力的人。由于丁某与邢某均未满18周岁，还不是成年人，不符合设立合伙企业的条件，因此不予登记。那么工商局的决定是否正确呢？

一般情况下，未成年人没有自己的劳动收入，没有独立从事民事行为的能力，因此，法律限制未成年人从事商事活动。但是《民法通则》第11条规定："十六周岁以上不满十八周岁的公民，以自己的劳动收入为主要生活来源的，视为完全民事行为能力人。"由于《民法通则》是我国民事、商事活动的基本准则，因此，适用《合伙企业法》也应遵循《民法通则》的规定。本案中，丁某与邢某虽然未满18周岁，但是二人初中毕业后就开始工作，并且以自己的劳动收入为主要生活来源，按照《民法通则》的规定，应视为完全民事行为能力人。二人有权利设立合伙企业，工商部门应当给予注册。

假设本案中，丁某与邢某均未满16周岁或者虽然已满16周岁但是没有劳动收入，那么二人是否可以设立合伙企业呢？由于二人不满足法律规定的条件，不是完全民事行为能力人或者视为完全民事行为能力人，他们是不可以设立合伙企业的。

6 公务员是否可以成为合伙人？

王某是某地工商局的一位处级干部，张某是一家私营企业的老板，是王某的朋友。王某与张某打算设立一家合伙企业，主要从事副食品销售，张某出资2万元，王某出资1万元，并且承诺合伙企业将很快取得工商注册。张某与王某在法律上是否是合格的合伙人呢？

张某是私营企业的老板，而王某却是国家公务员，二人的社会身份是不同的。《公务员法》第53条规定："公务员必须遵守纪律，不得有下列行为……（十四）从事或者参与营利性活动，在企业或者其他营利性组织中兼任职务……"从此规定可以看出，我国禁止公务员从事营利性活动，公务员也不得在营利性企业中任职，法律没有禁止私营企业的人员从事其他营利活动。因此，王某不能作为合伙人成立合伙企业，他只有在辞去国家公务员职务后才可以从事营利活动。法律之所以作出这样的规定，是从国家公务员廉洁奉公的角度出发的，如果不禁止国家公务员从事营利或其他经营活动，那么公务员就会利用其身份或地位为个人牟取不正当的利益，从而直接或间接损害国家的利益。以上所说的国家公务员主要是指国家各级行政机关中除工勤人员以外的工作人员。国家机关包括立法机关、行政机关、司法机关及军事机关。这里指的公务员主要是指行政机关的人员，不包括立法机关、司法机关及军事机关的人员。当然，立法机关、司法机关及军事机关的工作人员也是不可以从事营利活动的，但这不是本题所涉及的范围。

7 公检法机关的工作人员是否可以成为合伙人？

甲乙丙三人中，甲是某地法院的一名助理审判员，乙是某地检察院的一名检察官，丙是一家律师事务所的实习律师，三人打算在某地设立一家律师事务所，依靠甲乙在法院及检察院工作的关系，案源有保障。三人约定，由甲乙提供案源及疏通关系，由丙来负责具体事务。甲乙丙设立的律师事务所是否符合法律的规定？

《法官法》第 32 条规定，法官不得从事营利性的经营活动。《检察官法》第 35 条规定，检察官不得从事营利性的经营活动。设立律师事务所属于营利性的经营活动，因此，甲乙不是合格的合伙人。

我国法律之所以禁止法官及检察官从事营利性的活动，是因为法官与检察官担任的是国家公权力机关的职务，其义务是维护国家利益、公共利益，维护自然人、法人和其他组织的合法权益等。如果任凭这些行使公权力的人员从事营利性的活动，那么就会出现为了一己私利而损害国家利益的现象，从而讳背了公权力职务的初衷。因此，对法官及检察官营利活动的限制是对当事人合法权益及国家利益的保障。甲乙要想成为律师，只能先辞去法院与检察院的职务，否则不能成为律师。但是，辞职的法官和检察官担任律师也是有限制的，《法官法》第 17 条规定：“法官从人民法院离任后二年内，不得以律师身份担任诉讼代理人或者辩护人。”《检察官法》第 20 条规定：“检察官从人民检察院离任后二年内，不得以律师身份担任诉讼代理人或者辩护人。”因此，无论是现职的法官、检察官还是辞职后的，法律对其都是有规范的，其目的都是为了保证公平、公正地行使公权力，防止公权力的滥用。

8 不具备生产经营条件和经营场所，是否可以设立合伙企业？

甲乙是两个下岗职工，两人下岗后一直待业在家，但因为两人都是原某市翻砂厂的职工，对翻砂都很熟悉，因此，便萌发了设立翻砂厂的念头。两人四处打听，听说隔壁县城郊区有一块地方可以作为翻砂车间，于是两人凑了 3 万块钱，也订立了合伙企业协议。由于害怕这个地方被别人占用，甲乙就在该处设立了标志牌，上面写有“此处已被人占用”，甲乙想先设立合伙企业，然后再搭建厂房，购买设备，雇佣工人。但是在申请注册登记时，工商局告知其设立的合伙企业不符合条件。那么甲乙两人设立的合伙企业不符合哪些条件呢？

《合伙企业法》第 14 条规定：设立合伙企业，应当具有合伙企业的名称和生产经营场所。经营场所和经营条件是设立合伙企业的一个必备的要件，没有这些硬件设备，合伙企业的具体生产或经营就无法保障。对于生产性的合伙企业来说，生产经营条件和场所更加重要，只有具备了生产的最基本的条件，生产才会开始，才会继续。一个合伙企业的诞生对整个社会的影响很大，如果允许不具备生产经营条件的合伙企业设立，那么就会出现很多“皮包”合伙企业，最终损害整个社会的利益。因此，生产经营条件是合伙企业设立的必备要件之一。

本案中，甲乙两人在设立翻砂厂前，先要考察县城郊区的那个地方是否可以作为生产车间，看那里的电力系统是否符合生产经营要求，排水系统是否合格等。如果确定选择那个地方作为生产经营场所，那么同时一定要在该处创造必要的生产经营条件，如电力、水利、其他配套的设施。只有这样，两人才可以去当地的工商部门办理注册登记手续，取得工商登记，然后从事生产经营。而不能只在某地立个牌子，就算是具备了生产经营的场所。这里要注意的是合伙企业需要具备的生产经营

方面的要求有两个：一是生产经营场所；二是生产经营条件。选择的某个地方属于生产经营场所，以上所叙述的电力、水利及配套设施是生产经营条件，二者缺一不可。

9 合伙人用他人财产进行出资设立合伙企业，其出资行为是否有效？

李某、于某是某县城的个体户，李某经营的是运输业务，于某是商店的老板，杨某虽然不是个体户，但是杨某的父亲去世时，留给他一笔钱，杨某打算用这笔钱来做生意。有一天，三人凑在一起，打算成立一家合伙企业，由杨某出钱，李某用运输车辆出资，于某用劳务出资，即由其负责运输商品，并给合伙企业起名为“速捷经销商店”。但由于李某只有一辆用于运输的汽车，而该合伙企业需要两辆运输车，于是李某将常年闲置在家的所有权属于其父亲的汽车也作为出资，那么李某的出资行为是否有效呢？

合伙人应该以自己享有合法所有权的财产出资。合伙人可以在不违反法律强制性规定的前提下任意处置自己享有所有权的财产，如房产、车辆和其他动产。如果合伙人对某项财产不享有所有权，那么合伙人不能处分，除非征得所有权人的同意或者由所有权人授权其处置。《合伙企业法》第16条第1款规定：“合伙人可以用货币、实物、知识产权、土地使用权或者其他财产权利出资，也可以用劳务出资。”《合伙企业法》规定了合伙人可以出资的范围，但是第8条的限制性条件是“合伙企业及其合伙人的合法财产及其权益受法律保护”，这一条非常重要，它直接关系到合伙企业的财产性质问题。如果合伙人使用了非法取得或他人的财产进行出资，则该合伙人的行为就构成民事侵权，情节严重的，还可能构成犯罪，因此，合伙人必须用自己的财产进行出资。当然，如果某个合伙人在出资时没有现金，那么他可以向其他人借款，从而取得对该借款的处置权。因此，可以用向他人借来的钱出资。

本案中，李某对两辆车中的一辆享有完全的所有权，李某不但可以用该车辆出资，还可以出卖、借给他人或者出租。但是李某对另一车辆不享有所有权，没有经过其父亲的同意，李某不能任意处置该车辆。李某用这辆车出资的行为是无效的，这辆车也不能作为合伙企业的财产使用。实质上，李某的行为已构成了民事侵权，应承担侵权责任。法律之所以这样规定是为了稳定交易关系，如果允许合伙人用他人的财产出资，那么就会造成在合伙企业设立后，第三人向合伙企业追讨该财产的问题，引发争议。因此，法律要求，任何人在设立合伙企业时，必须以自己享有所有权的财产进行出资。

10 合伙人是否可以用债权进行出资？

田某是一个刚刚大学毕业的学生，由于工作不太好找，因此想自己创业。后经人介绍，认识了跟他有同样想法的许某，许某已经参加工作两年了，对市场行情较熟。王某是许某的同事，也想与许某、田某共同做点事情。后三人商定，打算在软件行业发展，田某用编程技术出资；许某出资 10 万元并负责为产品寻找销售渠道；王某没有多少现金，但是对一朋友享有一年后到期的现金债权 20 万元。王某想用债权出资，但不知法律是否允许。

债是当事人之间的权利义务关系。债权是请求他人给予某种标的的一种请求权，是债权人实际享有、但是还未到期的权利。债权能为债权人带来经济利益，因此，也是一种财产。债权人可以处分该财产，如将债权转让给别人。债权人也可以用债权作为出资设立合伙企业。《合伙企业法》第 16 条规定，合伙人可以用货币、实物、知识产权、土地使用权或者其他财产权利出资。虽然法律中没有明确规定债权可以作为出资，但是第 16 条在列举了“货币、实物、知识产权、土地使用权”后又加了一句“或者其他财产权利”，因此，债权可以作为“其他财产权利”进行出资。只要该债权是合伙人实际享有的，并且合法，那么债权人就可以以该债权出资。当然，如果合伙人以不合法的债权出资，那么该出资本身是无效的，如合伙人用第三人欠的赌债进行出资。

本案中，如果王某用于出资的 20 万元的现金债权是合法的，那么可以作为出资；如果是非法的，那么出资就是无效的。目前，合伙人以债权进行出资的情况很少见，如何规范也不统一。《公司法》第 27 条规定：“股东可以用货币出资，也可以用实物、工业产权、非专利技术、土地使用权作价出资。”但是却没有规定债权是否可以作为出资，而《合伙企业法》在这一点上有所突破，在其他国家，债权出资都是被允许的。

11 合伙人是否可以用劳务出资?

甲是一国有饭店的厨师，虽然手艺不错，但由于饭店地理位置不好而连年亏损，朋友乙劝说甲辞职，与自己成立合伙企业。乙有一地段较好的门市房，正好可以作为餐馆的店铺，也免去了房租，于是甲用劳务出资，乙用房屋的使用权出资，利润按照五五分成。之后二人注册成立了合伙企业，生意如火如茶。

本案中，甲用作出资的财产是其劳务，即以厨师的名义为餐馆工作。劳务是人劳动表现出来的成果，体现了一个人的价值，对提供劳务的人来说，劳务是一种财产。那么劳务是否可以作为出资设立合伙企业呢？所谓劳务出资是指出资人通过自己的劳动作为出资的一种形式，比如从事汽车运输的合伙企业，司机可以以自己的驾驶技能作为出资方式。《合伙企业法》第16条第1款规定："合伙人……也可以用劳务出资。"从以上规定中可以看出，《合伙企业法》是允许以劳务出资的。但是需经全体合伙人协商一致，评估办法也由全体合伙人协商确定。劳务是一种特殊的财产，当合伙人用劳务出资时，必须征得其他合伙人的同意，而且由于其属于个人的劳动，很难有个明确的评估标准，只能由全体合伙人自行评估价值或者中介机构予以评估。对于劳务出资，由于劳务出资的内容、形式多种多样，如何评估作价都较为具体、复杂、不宜统一规定，其评估办法由全体合伙人协商确定。所以说，甲乙约定，甲用劳务出资，乙用房屋使用权出资，并按照五五分成的标准分配利润，是合伙人之间的约定，是应该得到尊重的。《公司法》中没有规定股东可以劳务出资，而《合伙企业法》却允许以劳务出资，这也是《合伙企业法》有所突破的又一个方面。

12 没有经过评估的财产是否可以作为出资？

甲乙两人打算设立合伙企业，从事木材加工。甲以货币进行出资，乙以厂房进行出资。在订立合伙企业协议之前，甲和乙约定乙的厂房的价值为10万元，但是没有委托中介评估机

构评估。双方订立了合伙企业协议之后，甲的家人认为乙的厂房根本不值10万元，并认为甲乙之间的关于厂房价值的自行评估是无效的，甲乙必须重新聘请专业的中介评估机构进行评估。那么甲乙之间自行确定厂房的价值是否有效呢？

《合伙企业法》第16条第2款规定：“合伙人以实物、知识产权、土地使用权或者其他财产权利出资，需要评估作价的，可以由全体合伙人协商确定，也可以由全体合伙人委托法定评估机构评估。”可见，《合伙企业法》规定了两种对出资财产价值进行界定的方法，一是合伙人自行确定价格，但不是由某一个或某几个人协商确定，而是由全体合伙人协商确定，如果仅仅由一个人或者某几个人协商确定，其协商确定应为无效，或者说对其他未参加确定的人不产生法律效力；二是委托评估，即全体合伙人可以委托依法成立的评估机构进行评估，对于评估结果，进行工商登记时，如果作为注册资金，注册登记机构还要予以核实。这两种方式都是被法律允许的。如果采用中介机构进行评估的方法，有利于准确计算出资财产的真实市场价值，有利于维护出资人的利益；如果不采用中介机构评估的方法而是商定价格，则充分体现了当事人的意思自治。《合伙企业法》的规定就体现了法律充分尊重当事人意愿的精神。

本案中，甲乙之间自行确定乙的厂房价值为10万元，虽然没有委托中介评估机构进行专业评估，但是双方的真实意思也是被法律充分尊重的。甲的家人提出的理由是不成立的。如果采用委托评估的方法，那么需要进行评估的财产包括：实物、工业产权、土地使用权、知识产权或其他财产权利。每一种具体财产的评估都要遵循国家法律或法规规定的评估程序和方法。这不仅会经历很长的时间，而且也需要花费相当的费用，对设立小规模合伙企业的合伙人来说，有些得不偿失。如果合伙人之间非常信任，完全可以对非货币出资商定价格，提高注册合伙企业的效率。《公司法》没有《合伙企业法》规定的那么灵活，《公司法》规定对非货币出资必须经过评估。如《公司法》第27条第2款规定："对作为出资的非货币财产应当评估作价，核实财产，不得高估或者低估作价。法律、行政法规对评估作价有规定的，从其规定。"

13 合伙协议没有经过合伙人签名、盖章，注册登记机关能否给予登记?

张某、常某与善某看到做废品收购生意很赚钱，于是打算三人合伙收废品，然后再卖给废品回收网点。三人订立了合伙协议，约定了出资种类、各自的权利义务等条款，张某与常某在合伙协议上签了字，但是由于善某临时有事，没来得及在协议上签字就离开了，故合伙协议上只有张某与常某的签字。在张某与常某向注册登记机关提交登记申请书、合伙协议书、合伙人身份证明等文件时，注册登记机关告知张某与常某由于合伙人善某没有在合伙协议上签字，故善某不能作为合伙人，虽然提交了善某的身份证明，但是这不能改变善某没有签字这个事实。那么注册登记机关的说法是否正确呢?

订立书面的合伙协议是合伙企业设立的必备要件之一。合伙协议是合伙人真实意思的充分体现，只有合伙人在合伙协议上签字才能证明合伙人对合伙协议的认可，如果合伙人不签字就说明合伙协议对合伙人不生效。《合伙企业法》第19条第1款规定："合伙协议经全体合伙人签名、盖章后生效。合伙人

按照合伙协议享有权利，履行义务。”本案中，由于善某没有在合伙协议上签字，也没有委托其他人代为签字，那么该合伙协议对善某不发生效力，善某也不会成为合伙人。只有善某在合伙协议上签了字，才可以作为合伙人享有合伙企业的权利、履行合伙企业的义务。因此，注册登记机关的说法是正确的。但是，如果善某在合伙协议上签了字，却没有盖章，那么善某是否能成为合伙人呢？注册登记机关是否可以以善某没有签字盖章为理由拒绝为合伙企业登记呢？善某作为自然人，只需在合伙协议上签字即可，无须盖章，因为在实践中盖章通常是对企业或单位来说的。《合同法》第32条规定：“当事人采用合同书形式订立合同的，自双方当事人签字或者盖章时合同成立。”可见，《合同法》认为只要当事人签字或盖章，合同就成立了，并不是要求二者同时具备。因此，虽然《合伙企业法》第19条第1款规定的“合伙协议经全体合伙人签名、盖章后生效”没有明确说明签字与盖章是否选择一项即可，但是完全可以适用《合同法》的相关规定。因此，如果善某只在合伙协议中签字，那么合伙协议对善某同样是有效的，善某可以成为合伙人，注册登记机关应该予以登记。

14 合伙企业在申请设立登记时，没有提交有关机关的审批文件，是否可以取得登记？

甲刚刚考取了注册会计师资格，打算和几个同行成立会计师事务所。甲邀请了乙、丙作为合伙人，签订了合伙协议。后甲向注册登记机关提交了登记申请书、合伙协议书、合伙人身份证明等文件。但是在办理的过程中，注册登记机关告知甲还需提供注册会计师协会和同级财政厅的批准文件，否则不予注册。甲向有关部门咨询后取得了批准文件。

在我国，设立会计师事务所是需要得到有关部门批准的。《合伙会计师事务所设立及审批试行办法》第13条规定："各省、自治区、直辖市注册会计师协会应当在接到申请材料之日起20天内初审结束，由同级财政厅（局）主管负责人签署同意批准或者不同意批准的意见报中国注册会计师协会复查后报财政部于20天内作出批准或不予批准的决定。"第14条规定："经批准设立的合伙会计师事务所，持批准的文件，向所在地的省、自治区、直辖市注册会计师协会办理执业登记，并由登记执业的协会予以公布。"因此，设立会计师事务所必须经过以上机关的审批，否则，注册机关不会给予注册。《合伙企业法》第9条规定："申请设立合伙企业，应当向企业登记机关提交登记申请书、合伙协议书、合伙人身份证明等文件。合伙企业的经营范围中有属于法律、行政法规规定在登记前须经批准的项目的，该项经营业务应当依法经过批准，并在登记时提交批准文件。"合伙人提交有关部门的批准文件是合伙企业设立的要件之一。批准文件表明该合伙企业的设立符合有关法律法规的规定和国家社会的长远利益，如果合伙企业的设立不符合国家社会利益，那么批准机关就不会颁发批准文件，合伙企业也就不能设立。审批是国家为了规范某些行业的准入而设置的程序，体现了国家对某些行业的限制和规范，审批程序不仅体现在设立公司的过程中，也体现在设立合伙企业的过程中。当然并不是所有的合伙企业设立均需有关机关批准，对于那些并不涉及重大的国家及社会利益、不需要行业统一规范的合伙企业，其设立是不需要审批的。本案中，甲乙丙要设立会计师事务所，由于我国法律规定了设立会计师事务所必须经过审

批，如果不经过审批，那么合伙企业不能有效设立。

15 合伙企业是否可以设立分支机构？

2001年8月，甲乙丙三人在某市设立了“君和”合伙律师事务所，随着人们法律意识的增强，打官司的人越来越多，而“君和”律师事务所的人员素质很高，法律服务质量也很好，慕名而来的人非常多，甲乙丙作为该律师事务所的合伙人，便想在本市再设立一家分支机构。

合伙企业的分支机构是指合伙企业本身设立的分厂、分店等。合伙企业设立分支机构，应当在分支机构所在地的工商行政管理机关办理开业登记。不光是合伙企业可以设立分支机构，公司企业等也可以设立分支机构。企业设立分支机构的主要目的是拓展企业的业务地域范围，同时也是为了扩大企业的知名度，以便更好的开展企业的各项事务。如果合伙企业在原登记的工商行政管理机关管辖区域之外设立分支机构的，应当填写《合伙企业异地设立分支机构申请表》，并凭此表在分支机构所在地工商行政管理机关办理开业登记。根据现行有关规定，合伙企业设立分支机构，应当提交下列文件、证明：（一）合伙企业负责人签署的申请书和合伙人签署的协议书；（二）合伙企业的营业执照副本；（三）分支机构负责人的任职文件；（四）其他有关文件、证明。《合伙企业法》第12条规定：“合伙企业设立分支机构，应当向分支机构所在地的企业登记机关申请登记，领取营业执照。”本案中，甲乙丙三人设立分支机构，也应按照法律规定的要求向登记注册机关提交以上法律规定的文件材料，否则将不能取得注册登记。

16 合伙人之间订立的“保底分成”协议是否有效?

1999 年，张某、王某与左某设立了一合伙企业，合伙协议中约定，张某不在合伙企业的注册登记上显示其名称，对合伙企业的债务也不承担无限连带责任，这样的约定是否有效呢?

在合伙企业的实务中经常出现这种情况，设立合伙企业的当事人中的一方，或因不愿参与企业的经营管理，或因不愿承担对合伙企业的无限责任等原因，而与其他合伙人签订“保底分成”协议，即保证回收其出资的固定利润，不在合伙企业的注册登记上标明姓名或者对合伙企业债务不承担无限连带责任。这种协议实质上便是民法理论上所谓的隐名合伙和有限合伙。但是，当这些企业在运行过程中发生纠纷时，这种协议往往被司法机关确认为无效，因为《合伙企业法》不承认隐名合伙和有限合伙，而只承认和保护普通显名合伙。因此，本案中，张某出资成为合伙人的“保底分成”约定是无效的。

17 合伙人未在合伙协议上签名，合伙协议是否有效?

张甲、王乙、李丙三人共同设立一合伙企业，并订立了书面合伙协议，张甲、王乙均在该协议上签字、盖章，而李丙因有事在外地，未在协议上签字、盖章。张甲、王乙积极筹备前期事宜，寻找场地、购买设备等。

该合伙企业协议书无效，根据《合伙企业法》第 2 条、第 4 条的规定，合伙企业是指在中国境内设立的由各合伙人订立合伙协议，共同出资、合伙经营、共享收益、共担风险，并对合伙企业债务承担无限连带责任的营利性组织，合伙协议应当依法由全体合伙人协商一致，以书面形式订立。由此可以看出，合伙协议是合伙企业设立的一个重要依据，各合伙人根据合伙协议的约定享有权利、承担义务。为此，《合伙企业法》第 19 条第 1 款明确规定："合伙协议经全体合伙人签名、盖章后生效。合伙人按照合伙协议享有权利，履行义务。"在本案中，张甲、王乙、李丙欲成立一合伙企业，并订立了书面协议，但李丙没有在协议上签字、盖章。依照《合伙企业法》第 14 条的规定该协议无效。

18 合伙企业设立必须具备的条件是什么？

A 先生与 B 有限责任公司协商后，决定设立一家合伙企业。合伙协议中约定：B 公司向合伙企业投资 30 万元，A 负责经营管理，但不投资，B 公司每年从合伙企业取得 60% 的收益，亏损时，责任及其他一切风险均由 A 负担。随后，双方共同向登记机关申请合伙登记，登记机关工作人员 C 在收取了 A 的贿赂后，作出登记决定，并颁发了合伙企业"营业执照"。后 A 为了经营方便一直使用了 B 有限责任公司的名义对外进行经营活动。

根据《合伙企业法》第 14 条的规定，设立合伙企业应具备下列条件：

（1）有 2 个以上的合伙人，并且都是具有完全民事行为能力者。即合伙企业必须有 2 个以上的合伙人；他们共同投资、合伙经营、共享收益、共担风险。至于合伙人人数的上限，法律并未明确规定，而是允许当事人自行选择。合伙人必须都是具有完全民事行为能力者。所谓具有完全民事行为能力者是指根据我国《民法通则》第 11 条第 1 款规定，18 周岁以上的公民是成年人，具有完全民事行为能力，可以独立进行民事活动，是完全民事行为能力人。即年满 18 周岁，就可享有完全民事行为能力。具有完全民事行为能力的人，可以实施法律不禁止的任何民事法律行为。对于未满 18 周岁，但已满 16 周岁且以自己的劳动收入为主要生活来源的，《民法通则》第 11 条第 2 款规定，16 周岁以上不满 18 周岁的公民，以自己的劳动收入为主要生活来源的，视为完全民事行为能力人。尽管这里未具体说明“人”，是指法人还是自然人，但从整个条文内容看，应当指的是自然人。

（2）有书面合伙协议，即有书面合伙合同。它是合伙企业成立的基本文件。合伙人的权利、义务、合伙企业的经营范围、利润分配和亏损负担、合伙事务执行、入伙和退伙、合伙企业的经营期限以及违约责任等均应在合伙协议中加以约定。按照《合伙企业法》的规定，合伙协议为要式合同，需要以书面方式订立，而且还要向企业机关在申请登记时提交。

（3）有合伙人认缴或者实际缴付的出资。作为合伙企业成立的前提条件之一，合伙人应向合伙企业投入合伙协议中约定的出资，作为合伙企业存续期间的财产组成部分。合伙人可以以货币、实物、土地使用权、知识产权或其他财产权利出资。每个合伙人应出资的具体份额，按照合伙协议的约定处理。当然，经全体合伙人同意，合伙人也可以用劳务出资。

（4）有合伙企业的名称。合伙企业在其存续期间，只有具有自己的名称，才能以自己的名义参与民事法律活动，享有民事权利，承担民事义务，并参与诉讼，成为诉讼当事人。

（5）有生产经营场所和法律、行政法规规定的其他条件。所谓经营场所，是指合伙企业从事生产经营活动的所在地。合伙企业一般只有一个经营场所，即企业登记机关登记的营业地点，但它也可以在主要经营场所之外有多个经营场所。

以上便是《合伙企业法》对设立合伙企业所规定的法定条件，是每一个合伙企业，无论它从事何种行业，都必须同时具备，缺一不可。

本案中有下列违法行为：(1) B的主体资格不符合法律规定。因为B为有限责任公司，是法人而非自然人；A无缴付的实际出资，不具备合伙企业成立的前提条件；B只收取收益，不承担亏损，致使双方在权利义务的承担上显失公平，是无效的合伙协议；并且该合伙企业被违法批准后以“有限公司”的名义对外活动不符合合伙企业名称的要求，因此，根据《合伙企业法》第14条的规定，该合伙企业不具备设立条件，应予以撤销。(2) 对于工商机关工作人员C收取贿赂、违法审批已构成违法行为，应当根据《合伙企业法》第104条的规定追究其相应的法律责任。

19 经全体合伙人协商一致，合伙协议是否可以修改或补充？

2000年1月，李晓岚与她的两个好朋友黄明、林昭共同设立一家合伙企业，合伙协议中约定，李晓岚出资2万元，黄明出资3万元，林昭出资5万元设立一家注册资本为10万元的合伙企业。合伙协议中还约定，合伙人之间的利润按照合伙人的出资分配，同时，亏损也按照出资比例进行分担。合伙企业成立后，李晓岚任合伙企业的事务执行人，在合伙企业成立的当年为合伙企业赢利5万元，在2000年年底合伙人大会上，全体合伙人一致同意奖励李晓岚5000元，作为对合伙企业作出贡献的奖励。在会上，合伙人还决定修改合伙协议，增加一条，即“合伙企业的事务执行人，为合伙企业赢利的，可奖励该事务执行人，奖励的数额按照为合伙企业赢得利润的10%计算”，这一增加条款得到全体合伙人的认可，因此，合伙人修改了合伙协议。

合伙协议是全体合伙人意思表示一致的结果，体现了全体合伙人的意愿，也体现了意思自治的精神。因此，当合伙人的意思发生变化，与原有的合伙协议不同时，合伙人可以修改合伙协议。这就如同当事人间订立的合同一样，当事人可以订立合同，也可以补充或者修改合同，只要是双方真实的意思即可。合伙协议就类似于合伙人之间缔结的一种合同，只要合伙人之间达成修改协议的一致意见或者达成补充协议的一致意见，合伙人就可以修改或者补充该合伙协议。《合伙企业法》第19条第2款规定：“修改或者补充合伙协议，应当经全体合伙人一致同意；但是，合伙协议另有约定的除外。”本案中，李晓岚为合伙企业作出了一定的贡献，于是其他合伙人想奖励李晓岚，同时也想把奖励为合伙企业作出贡献的原则作为合伙协议的一部分内容，合伙人的这种意愿是符合法律规定的精神的，合伙人当然可以修改或者补充合伙协议。

20 是否所有的合伙都必须起字号？

2000年4月，甲乙决定合伙搞农产品运输。甲出资5万元，乙出资3万元。但是二人组成的合伙组织没有起字号。在二人从事运输的过程中，与第三人丙签订了车辆买卖合同，甲乙二人欠丙共3万元的购车款，到了还款期限，甲乙二人不能偿还债务，于是丙将甲乙二人告上法庭。

合伙可以分为商事合伙与民事合伙，商事合伙与民事合伙的区别是商事合伙从事的是商业活动，而民事合伙则不一定从事商事活动；商事合伙必须有商号，而民事合伙则不一定有商号。《民法通则》第33条规定："个人合伙可以起字号，依法经核准登记，在核准登记的经营范围内从事经营。"从这条规定中可以看出，个人合伙可以起字号，也可以不起字号，合伙人可以决定合伙企业是否起字号。

本案中，甲乙二人设立的是民事合伙，并非商事合伙，因此可以不起字号。虽然民事合伙可以不起字号，但是民事合伙与商事合伙在责任承担方面都是相同的，即合伙人对合伙企业的债务承担无限连带责任。对于合伙企业的诉讼主体问题，最高人民法院《关于执行〈中华人民共和国民法通则〉若干问题的意见（试行）》第45条规定："起字号的个人合伙，在民事诉讼中，应当以依法核准登记的字号为诉讼当事人，并由合伙负责人为诉讼代表人。合伙负责人的诉讼行为，对全体合伙人发生法律效力。未起字号的个人合伙，合伙人在民事诉讼中为共同诉讼人。合伙人人数众多的，可以推举诉讼代表人参加诉讼，诉讼代表人的诉讼行为，对全体合伙人发生法律效力。推举诉讼代表人，应当办理书面委托手续。"因此，虽然甲乙二人没有设立合伙企业，但是丙同样可以起诉甲乙二人，甲乙二人都是被告，丙不会因为合伙组织没有字号而不能主张债权。

21 合伙企业与公司有什么区别？

第一，合伙企业是契约式企业，有限公司是股权式企业。我国《合伙企业法》规定，合伙企业是指依照本法在中国境内设立的由各合伙人依法订立合伙协议，共同出资，合伙经营，共享收益，共担风险，并承担无限连带责任的企业。合伙协议是合伙人享受权利和承担义务的依据，合伙人的出资方式、数额和期限，合伙人分配利润和分担亏损的办法，合伙企业的事务执行、解散和清算等问题都按照依法订立的合伙协议来操作。《公司法》规定，有限公司股东按照比例出资，以其出资额为限对公司承担责任，并且按照投入公司的资本额享有所有者的资产受益、重大决策和选择管理者等权利。

第二，合伙企业不具有法人资格，有限公司具有法人资格，这是合伙企业和公司的最主要的区别。这一区别有两重意义，第一说明合伙企业只具有相对独立的人格，有限公司具有绝对独立的人格。第二说明合伙企业的财产只具有相对独立性，有限公司的财产具有绝对的独立性。合伙企业是每一个独立的合伙人根据合伙协议组合成立的，具有人合的性质。合伙企业只具有相对独立的人格，它作为独立的主体进行经营活动，可以以自己的名义拥有财产、参与诉讼，享受其他各种权利，但在承担债务责任方面，合伙人与合伙企业则具有连带关系。合伙人对企业的债务承担无限连带责任，每一个合伙人都可以代表其他合伙人享受权利和承担义务，即使他们内部定有承担债务责任比例的协议，也不能对抗对外的无限连带责任。

第三，合伙企业与有限公司在承担责任方面的区别，与它们在产权结构方面的区别有密切的联系。合伙企业的产权结构是一元结构，而公司的产权结构是二元结构。合伙企业的财产不属于合伙组织独立所有，而是属于合伙人共有，因此合伙人与合伙企业是连带责任关系。

最后，合伙企业与公司在设立方式、运营结构、投资的撤出和转让以及企业的延续和解散等方面也有明显的区别。

二、合伙企业财产

1 合伙企业清算前，合伙人请求分割合伙企业的财产，法律对此是如何规范的？

2000年，张某与王某设立了生产实木门的合伙企业，经营两年后，张某请求分割合伙企业的财产，王某认为合伙企业还未进行清算，是不能分割合伙企业的财产的。于是，张某诉至法院。

《合伙企业法》第21条第1款规定："合伙人在合伙企业清算前，不得请求分割合伙企业的财产；但是，本法另有规定的除外。"合伙企业是一个独立的民事主体，在合伙企业存续期间，合伙企业的财产具有独立性和完整性两个方面的特征。所谓独立性，是指合伙企业的财产独立于合伙人，合伙人出资以后，便丧失了对出资部分的财产的所有权或持有权，合伙企业的原始财产和积累财产的主体都是合伙企业，而不是合伙人。所谓完整性，是指合伙企业的财产在合伙企业存续期间，作为一个完整的统一体而存在，合伙人一旦将其财产投入到合伙企业中，便不能在合伙企业存续期间对其出资主张支配或处分权，合伙人对合伙企业财产的权益的表现形式仅仅是依照合伙协议所确定的财产收益份额或比例获取利润。因此，合伙企业在最终清算前，合伙企业有权保障其财产的独立性与完整性，以维护全体合伙人乃至于合伙企业债权人的权益。但是，依照《合伙企业法》的特别规定，合伙人在退伙时是可以主张分割合伙企业财产的。

本案中，张某主张分割合伙企业的财产，而王某认为合伙企业没有进行清算是不能分割财产的，他的主张是正确的。假设张某是在退伙时主张分割财产，则按照《合伙企业法》第51条规定："合伙人退伙，其他合伙人应当与该退伙人按照退伙时的合伙企业财产状况进行结算，退还退伙人的财产份额。……退伙时有未了结的合伙企业事务的，待该事务了结后进行结算。"张某在退伙的同时，可以请求分割合伙企业的财产。从《合伙企业法》的规定来看，退伙是该法第21条的例外，只有退伙这一种情形下，合伙人可以主张分割合伙企业的财产，其他情形不导致合伙人对合伙企业财产的分割。

2 合伙人在合伙企业清算前私自把合伙企业的知识产权转让给第三人，合伙企业是否可以对抗善意的第三人？

张某是"明升"合伙企业的合伙人，在合伙经营期间，张某与另一合伙人李某研究开发了一项发明并申请了专利，合伙人约定该项专利所有权属于合伙企业，并约定经全体合伙人同意才能转让该项专利。后来张某得知王某需要该技术，于是以个人名义将该项专利技术卖给了王某，王某并不知道这项专利技术属于张某所在的合伙企业。李某得知张某私自处分专利技术的消息后，将王某诉至法院，请求法院判决追回权利。

合伙企业的财产由全体合伙人共同管理和使用，任何合伙

人都无权在合伙企业清算前私自转移和处分合伙企业的财产。那么当合伙人擅自出让其无权处分的合伙企业财产时，合伙企业能否以合伙人无权处分为理由对抗不知情的受让人即善意第三人呢？立法应当保障合伙企业的权益，还是保障不知情的第三人的权益呢？这里有一个善意取得制度的问题。善意取得通常是指受让人以取得动产所有权为目的占有某项动产，即使出让人无权处分，受让人仍然可以取得其所有权。善意取得的要件为：一是标的物必须为动产，不动产不存在善意取得问题；二是出让人无权出让而私自出让；三是受让人取得占有为公然、善意与有偿，即受让人不知道或者不应当知道这是无权出让。善意取得制度的确立，是在动产所有人利益和动产受让人利益选择上谋求最佳平衡，最终保护受让人的利益。立法在确定是保护合伙企业的利益，还是保护第三人的利益时，面临着两个方面的选择。保护不知情的第三人，意味着合伙企业对其财产所有权的追及力受到限制，剥夺了合伙企业向出让人请求返还原物的权利。同时，因市场经济是诚信经济，交易双方无须在进行交易时向对方询问交易物是否有合法来源。在受让人的取得是公然、善意、有偿的情况下，如果不保护不知情的第三人的利益，则必然损害交易安全。在此种情况下，由谁来承担责任呢？其根据是过错责任原则，即谁有过错谁承担责任。合伙企业的损失只能向有过错的合伙人进行追索，而不能向不知情的第三人追索。合伙企业也不能以合伙人无权处分其财产为理由对抗不知情的第三人的权利。当然，如果第三人是恶意取得，即明知合伙人无权处分而与之进行交易，或者与合伙人合谋共同侵犯合伙企业权益，则合伙企业当然可以据此对抗恶意第三人。《合伙企业法》第 21 条第 2 款规定：“合伙人在合伙企业清算前私自转移或者处分合伙企业财产的，合伙企业不得以此对抗善意第三人。”

本案中，张某没有经过另一合伙人李某的同意而擅自处分合伙企业的专利技术，但是受让人王某在取得该项专利技术时并不知道张某是无权处分，并且支付了相应的价款，因此，王某属于善意的第三人，合伙企业不能以张某无权处分为抗辩理由对抗王某，合伙企业只能向张某索赔，而不能向王某要求返还权利。

3 合伙企业存续期间，合伙人没有经过其他合伙人同意向合伙人以外的人转让其在合伙企业中的部分财产份额时，其转让行为是否有效？

1998 年 12 月，甲乙丙丁兄弟四人共同设立了名称为“鼎立”的咨询型合伙企业，合伙企业成立后，购置了经营用品和两部车辆，并在合伙协议中约定合伙人不能擅自处分合伙企业的任何财产，任何人处分合伙企业的财产必须经过其他合伙人的一致同意。2000 年 5 月，乙在外地公务出差时，将属于合伙企业的一辆桑塔纳 2000 型轿车卖给了张某，所得价款 6 万元。甲丙丁在得知乙的上述行为后，向张某请求返还乙卖给他的轿车，并诉至法院。

合伙人财产份额的外部转让是指在合伙企业存续期间，合伙人将其在合伙企业中的全部或者部分财产份额转让给合伙人以外的第三人的行为。外部转让程序的确定，其内在依据是合伙企业的人合性特征。合伙企业与公司企业的区别在于其存续的基础不同：合伙企业的存续基础是人身依赖关系。而公司企业的存续基础主要是财产关系。合伙企业的人合性特征，使合伙企业的各个合伙人对执行合伙企业的事务具有同等的权利。合伙人财产权益的转让，不仅是合伙企业的重要事务，而且还涉及合伙人的变更，直接影响着合伙企业存续的基础。只有经其他合伙人达成一致，才表明其他合伙人同意与他们之外的受让人共同维持原合伙企业，合伙企业才能继续存续下去。如果其他合伙人不同意接纳受让人，则合伙企业无法继续存续下去。

本案中，乙未经合伙人甲、丙、丁的同意，擅自转让其财产，应属无效。但是，假如这是合伙人财产份额的内部转让，即合伙人将其在合伙企业中的全部或者部分财产份额转让给其他合伙人的行为。合伙人财产权益的内部转让因不涉及原合伙人以外的人参加，合伙企业存续的基础没有发生决定性变更，所以不需要经其他合伙人一致同意，只需要通知其他合伙人即可。

4 合伙人之间转让在合伙企业中的全部或者部分财产份额时，是否需要经过其他合伙人一致同意？

1999年3月，甲看到使用拖拉机为农民播种可以赚取很大的利润，于是甲联络了几个要好的哥们，在某地设立了一个合伙企业，其中出资份额甲占50%，乙占30%，丙占20%。合伙企业成立后，当年收入丰厚，每一合伙人都分得了红利。虽然合伙企业赚了钱，但是丙想去另外一个地区和朋友搞牛奶加工厂，于是决定将自己在合伙企业20%的份额转让出去，并通知了甲和乙。甲听说后，没有回音。乙听说后，决定购买丙的份额，并与丙签订了份额转让协议。后来甲以乙丙之间的协议没有经过自己同意为由，将乙丙诉至法院，请求人民法院宣告乙丙之间的份额转让协议无效。

合伙企业的存在基础是合伙人之间的信任和信赖，一旦几个合伙人设立了合伙企业，那么就意味着这几个合伙人之间是互相了解和信任的，这种关系将要一直持续到合伙企业解散时为止。但是在合伙企业经营的过程中，难免会出现某个合伙人要退伙或者转让份额的事实，在这种情况下，就存在着新加入的合伙人是否会被原合伙人接受的问题，因此，在合伙人将自己的份额向合伙人以外的人转让时，必须取得其他合伙人的一致同意方可；当合伙人不是向合伙人以外的人转让财产份额，而是在合伙人内部转让时，如本案中，丙将自己的份额转让给乙的行为，这时由于没有新的合伙人加入进来，合伙人之间的信任与信赖的基础没有发生改变，因此，无须取得其他合伙人的一致同意。但是为了充分保障每个合伙人知晓合伙人转让份额的事实，必须设置一种可靠的程序保障合伙人之间的知情权。这种程序就是“通知”程序，欲转让自己合伙企业份额的合伙人需要通知其他合伙人。

《合伙企业法》第 22 条第 2 款规定：“合伙人之间转让在合伙企业中的全部或者部分财产份额时，应当通知其他合伙人。”通知是一个必经的程序，是一个单方的行为，不需要被通知人的同意。

本案中，丙在转让自己的财产份额时，履行了向甲和乙通知的义务，但是甲没有回复，乙却愿意接受丙的份额，并与丙签订了份额转让协议。丙的上述行为完全符合法律的规定，是严格遵守法律的行为，是甲放弃了接受丙份额的权利，因此，甲的主张不能被人民法院所接受。

5 合伙人依法转让其财产份额的，在同等条件下，其他合伙人是否有优先购买的权利？

2000 年 12 月，王一、王二与王三共同设立了合伙企业，王一出资占 40%，王二占 30%，王三占 30%，业务是经营副食品。合伙企业设立后，王二想要转让自己的财产份额，至于是向企业外部人转让还是向内部人转让，王二认为无所谓，只要能转让出去即可。后来，经朋友介绍，王二认识了李某，在与李某几次见面后，王二打算将其在合伙企业中 30% 的份额转让给李某。王一与王三听说了这个消息后，找到王二，提出合伙企业的原合伙人对王二财产有优先认购权，王二不能私自将自己的财产份额转让给李某。王二认为，王一与王三并没有在合伙协议中约定优先认购权的问题，因此不享有这项权利。由于王二坚持要向李某转让自己在合伙企业中的财产份额，无奈之下，王一与王三将王二告上法庭。

合伙人的优先受让权是指在合伙人转让其财产份额时，在多数人接受转让的情况下，其他合伙人基于同等条件可先于其他非合伙人受让的权利。优先受让权的发生存在两个前提：一是合伙人的财产份额的转让不受范围的限制，也就是说，合伙人的财产转让，既可以是外部转让，也可以是内部转让。如果限定为外部转让或者内部转让，则不存在优先受让的问题。因为这里的“优先”，是相对于其他非合伙人而言的。如果仅仅限定在外部转让，则不存在其他合伙人受让的问题。反之，则不存在其他非合伙人受让的问题。二是优先受让的前提是同等条件，主要是指受让的价格条件。当然，也包括其他受让条件。优先受让既是其他合伙人的法定权利，也是转让财产份额的合伙人的法定义务。如果转让财产份额的合伙人违背法律法规的要求，任意剥夺其他合伙人的优先权，其行为就是违法的。虽然合伙人在转让自己份额时，必须通知其他合伙人行使优先受让权，但是如果合伙人向其他合伙人转让的条件与向外部人转让的条件不相同，那么其他合伙人的优先受让权同样不能得到实现，因此，优先受让权的行使是有条件的。《合伙企业法》第23条规定："合伙人向合伙人以外的人转让其在合伙企业中的财产份额的，在同等条件下，其他合伙人有优先购买权；但是，合伙协议另有约定的除外。"

本案中，第三人李某购买王二财产份额的价格是100万元，而王一与王三购买的价格是90万元，那么这样的价差就不是同等条件；再或者，王二向王一与王三出的价格是150万元，而向李某出的价格是100万元，这也不是同等条件。因此，在优先认购权行使的过程中，同等条件的遵守是个至关重要的因素。另外，王二认为，王一与王三并没有在合伙协议中约定优先认购权，因此，他们就不享有这项权利，这种认识是不符合法律规定的精神的。优先认购权是《合伙企业法》规定的权利，属于法定权利的范畴，任何人不能随意剥夺。

6 未经其他合伙人一致同意，合伙人以其在合伙企业中的财产份额出质的，其行为是否有效？由此给其他合伙人造成损失的，如何处理？

甲是"军力"合伙企业的合伙人，出资100万元，占50%的财产份额。2001年3月，甲回老家探亲，听说其表弟乙打算做一笔生意，但苦于没钱，于是甲将自己在"军力"合伙企业中的50%的份额向当地有关部门做了质押为乙借钱作担保。后来，乙的生意赔了一大笔钱，债主索债不成。于是向有关部门主张实现甲在合伙企业中的财产份额，“军力”合伙企业在得知上述事实后，向人民法院起诉了甲，并要求甲赔偿给其他合伙人造成的损失。

我国法律规定，合伙人可以以其在合伙企业中的财产份额作为质物，与他人签订质押合同，但必须取得其他合伙人的一致同意。质押，通常是指债权人与债务人或第三人订立的以转移债务人或第三人的动产或权利载体的占有，担保债权人的债权得以履行或者救济的法律行为。依照《担保法》的规定，质押有两种形式：动产质押和权利质押。债务人或者第三人为出质人，债权人为质权人，移交的动产或权利载体为质物。质押与抵押的不同在于，抵押不转移抵押物的占有，而质押则转移质物的占有。抵押与质押的共同之处在于两者都担保债权人的债权能够得以优先受偿。正是由于质押的上述特征，如果合伙人将其在合伙企业中的财产份额作为质物，与他人签订质押合同，担保债权人的债权得以实现，必然影响着合伙企业和其他合伙人的利益。基于合伙企业的人合特征以及合伙企业财产的共同管理与使用，合伙人通过出质行为处分其财产份额时，必须经过其他合伙人的一致同意。否则，合伙人的出质行为无效，或者依照退伙的规定作为退伙处理。合伙人非法出质给其他合伙人造成损失的，应当依法赔偿其过错行为给其他合伙人造成的损失。《合伙企业法》第 25 条规定：“合伙人以其在合伙企业中的财产份额出质的，须经其他合伙人一致同意；未经其他合伙人一致同意，其行为无效，由此给善意第三人造成损失的，由行为人依法承担赔偿责任。”

本案中，甲作为“军力”合伙企业的合伙人，在将自己在合伙企业中的财产份额出质时，必须取得其他合伙人的一致同意，因为出质行为本身不但关涉到甲的切身利益，同时也涉及其他合伙人的利益，毕竟合伙企业存续的基础是彼此的信任与信赖，如果甲的财产份额被实现了，就会有新的合伙人加入合伙企业，后加入的合伙人不一定被原有的合伙人所接受，因此，法律采用了较严格的限制方法。甲给合伙企业造成的损失，其他合伙人可以向甲追偿。至于乙的债主，只能向甲与乙要求承担债务清偿责任，而不能直接要求实现甲在合伙企业中的财产份额。

三、合伙企业的事务执行

1 合伙人是否可以查阅合伙企业账簿？

2000 年 3 月，甲乙丙三人设立了一家合伙企业，主要从事行业咨询服务。合伙企业成立后，甲被选举为合伙企业的事务执行人，乙丙对外不执行合伙企业事务。2001 年 3 月，合伙企业已经成立了一年，在全体合伙人大会上，甲提出合伙企业第一年的赢利状况很差，不打算分配利润，乙丙不同意，并且提出根据合伙协议，合伙人有权查阅合伙企业的账簿，于是提出查阅账簿的要求。

合伙经营是一种以营利为目的的经济活动，合伙人之间的财产共有关系、共同经营关系、连带责任关系决定了全体合伙人形成了以实现合伙目的为目标的利益共同体。每个合伙人都有权而且有责任关心了解合伙企业的全部经营活动，因此，《合伙企业法》第 28 条第 2 款规定："合伙人为了解合伙企业的经营状况和财务状况，有权查阅合伙企业会计账簿等财务资料。"必须以企业实际发生的经济业务为对象，及时、全面、准确地记录各项财务活动。正因为财务活动是为企业的生产经营服务的一种经济活动，反映了资金的筹集和使用、往来结算、收入和利润的分配、资产负债等企业的经营状况和财务状况，合伙人只要通过查阅账簿，就可以了解合伙企业的全部经营活动，了解合伙企业的经营状况和财务状况，从而可以作出正确的经营决策，进行有效的监督和检查，所以将合伙人的查账权作为一项法定权利规定下来，有利于保护合伙人的合法权益，也有利于合伙企业的健康发展。

本案中，合伙人甲虽然是合伙企业的事务执行人，但这并不能说明其他合伙人不能知晓合伙企业的所有事务，乙丙作为合伙人有查阅合伙企业账簿的权利，甲不能拒绝。

2 合伙人是否可以从事与本合伙企业相竞争的业务？

1999 年 8 月，张某与田某设立了一家合伙企业，其营业范围是家居小商品的批发与零售。合伙企业成立后，业务开展得比较顺利，企业成立的当年就收回了投资成本。张某见状，萌发了设立另外一家独资企业的念头，就于 2001 年 12 月，设立了独资企业，从事与原合伙企业相同的业务。另一合伙人田某得知这一情况后将张某告上法庭，认为张某违反了合伙协议约定的内容，应对自己承担违约责任。

《合伙企业法》第 99 条规定："合伙人违反本法规定或者合伙协议的约定，从事与本合伙企业相竞争的业务或者与本合伙企业进行交易的……给合伙企业或者其他合伙人造成损失的，依法承担赔偿责任。"第 32 条第 1 款规定："合伙人不得自营或者同他人合作经营与本合伙企业相竞争的业务。"因此，张某的行为是违法的，必须承担相应的责任。

3 是否每一个合伙人对合伙企业的事务都有执行权？

1999 年 7 月，甲乙两人设立了“繁亮”合伙企业，对外业务是经营副食品批发。合伙协议中约定了合伙事务由乙来执行。合伙企业成立后，乙对外代表合伙企业执行合伙企业事务，但是在经营了一段时间后，甲也要求执行合伙企业事务，理由是《合伙企业法》第 26 条规定：“合伙人对执行合伙企业事务享有同等的权利。按照合伙协议的约定或者经全体合伙人决定，可以委托一个或者数个合伙人对外代表合伙企业，执行合伙事务。”因此，甲认为既然自己也是合伙人，那么对合伙企业的事务就有执行权，并认为合伙协议的约定由乙一人执行合伙企业事务的约定是违法的。甲的说法是否正确呢？

合伙企业是一种人的组合和财产的组合，其权利能力和行为能力都没有与合伙成员完全分离。因此，合伙企业不必像法人那样设立专门的意思表示机关，每一个合伙人都有权利参与合伙企业事务的决策、执行和监督、检查；执行合伙企业事务的合伙人，对外代表合伙企业。各合伙人对执行合伙企业事务都享有同等的权利，合伙人在合伙企业中享有平等的管理权、经营权、表决权、监督权和代表权。执行由合伙人共同决定的事务是每一个合伙人的权利，也是每一个合伙人的义务，如果合伙协议没有明确合伙人执行合伙事务的权利范围，每一个合伙人都有权利也有义务参与合伙企业事务的全部决策和执行活动，而这个参与过程也正是合伙人表决权和经营管理权的体现。同时，合伙人还有监督合伙企业事务执行的权利，每一个合伙人也有义务接受其他合伙人的监督。当然“全体合伙人共同执行”是指由合伙人全体共同决定，其决定的执行本身并不一定共同为之。毕竟共同执行在操作上难免产生许多不便之处，代表全体合伙人对外开展经营活动不是每一个合伙人都能胜任的工作。因此，为使合伙企业事务顺利执行，合伙协议通常另行约定或者经全体合伙人决定，将执行合伙企业事务、对外代表合伙企业的权利交由合伙人中的一人或者数人专门执行。

如果合伙企业事务的执行人与非执行人都拥有一样的执行权，法律的这方面规定也就没有意义了。因此，甲的说法是不正确的。

4 执行合伙企业事务的合伙人，是否可以对外代表合伙企业？

甲乙是“丽杰”洗衣房合伙企业的两个合伙人，在订立合伙协议时，没有明确谁有权利对外代表合伙企业，只是约定甲乙二人都是合伙企业的事务执行人。合伙企业成立后，经营状况很一般，于是甲就想购置一台国外进口的洗衣机，以提高工作效率，减少成本。甲与上海某一家经营单位联系妥当后，就与之签订了购销合同。在准备付款时，乙得知了这一事实，认为甲签订合同没有经过自己的同意，他的行为是无效的，不同意付款，于是上海某经营单位将“丽杰”合伙企业告上法庭。

由于合伙企业具有团体组织性，所以就有对外代表合伙企业的问题，只是合伙企业在法律上不像法人那样具有独立的人格，因此合伙企业的代表实质上是其他合伙人的代表，而非合伙企业的代表机关。执行合伙企业事务的合伙人，对外代表合伙企业，反映了合伙人之间互为代理的法律关系，也就是说原则上每一个合伙人都可被视为其他合伙人的代表；由合伙协议约定或者全体合伙人决定，委托一名或数名合伙人执行合伙企业事务的，被委托的合伙人在依照委托权限执行合伙企业事务的范围内，对于第三人是其他合伙人的代表，根据《合伙企业法》第26条的规定，执行合伙企业事务的合伙人，对外代表合伙企业。实际上包含了全体合伙人共同执行和委托一名或数名合伙人执行两种情况。无论是哪种情况，执行合伙企业事务的合伙人为代理行为，仅以合伙企业的名义表示即可，无须全体合伙人的同意。而从第三人的角度来看，他也没有义务了解谁是合伙企业的事务执行人，谁有权利代表合伙企业执行某一项事务。因此，合伙企业对合伙人执行合伙企业事务以及对外代表合伙企业权利的限制，不得对抗不知情的第三人。当然，受委托执行合伙企业事务的合伙人应当遵守诚实信用的原则，像对待自己个人的事务一样，以慎重态度对待合伙企业事务。如果在执行合伙企业事务的过程中，执行合伙人超越权限，玩忽职守，徇私舞弊，从而给合伙人的共同利益造成损害的，其他合伙人有请求赔偿损失的权利。

需要明确的是，合伙企业的诉讼行为属于合伙企业对外事务执行之一，因此受委托执行合伙企业事务的合伙人的代理权，除委托权限另有规定外，应解释为包括诉讼行为的代理权，既然法律赋予合伙企业有诉讼当事人能力，那么执行合伙企业事务的合伙人就可以代表合伙企业起诉和应诉，这也是对外代表合伙企业的一个方面。

本案中，甲乙订立合伙企业协议虽然没有明确说明谁有权利代表合伙企业，但是却规定了甲乙二人均是合伙企业的事务执行人。因此，甲乙二人对外都可以代表合伙企业，乙不能以未经同意为理由对抗善意的第三人上海某经营单位。

5 有事务执行人的合伙企业，其他合伙人是否也可以执行合伙企业事务?

1999 年 3 月，张某与王某共同设立了“力迈”合伙企业，经营范围为副食品批发与零售。二人在合伙协议中约定：“由于张某与王某不熟悉副食品经营情况，故特聘请李某作为合伙企业的事务执行人，主要负责副食品的批发与零售业务。”2000 年 3 月，张某去上海出差得知上海的某家副食品商店急需某品牌的副食品，于是张某以合伙企业名义与上海某单位签订了购销合同，但是由于上海某单位在取得了张某提供的副食品货物后，没有及时支付价款，导致合伙企业的资金周转困难，于是，合伙人王某将张某告上法庭，理由为张某不是合伙企业事务执行人，不能对外代表合伙企业，张某给合伙企业造成的损失应由张某负责赔偿。

《合伙企业法》第 26 条规定：“合伙人对执行合伙企业事务享有同等的权利。按照合伙协议的约定或者经全体合伙人决定，可以委托一个或者数个合伙人对外代表合伙企业，执行合伙事务。”那么没有受委托的合伙人是否可以执行合伙企业事务呢?《合伙企业法》第 27 条第 1 款规定：“依照本法第 26 条第 2 款规定委托一个或者数个合伙人执行合伙企业事务的，其他合伙人不再执行合伙事务。”这条规定正是为了解答这一疑问，明确规定在这种情况下，未被委托执行合伙企业事务的合伙人不再执行合伙企业事务，因此，也就不可以对外代表合伙企业。对于不具有事务执行权的合伙人，擅自执行合伙企业的事务，给合伙企业或者其他合伙人造成损失的，应当依法承担赔偿责任。这样规定使得前后衔接更加严谨，内容更加明确。只有有事务执行权的合伙人才有权执行合伙企业的事务，对外代表合伙企业，代表其他合伙人，而其他合伙人不再执行合伙企业事务。因为如果全体合伙人都可以对外代表合伙企业事务，那么合伙企业就不需要合伙企业事务执行人了。

本案中，张某与王某作为合伙人，二人在合伙协议中约定："由于张某与王某不熟悉副食品经营情况，故特聘请李某作为合伙企业的事务执行人，主要负责副食品的批发与零售业务。"因此，张某不具有合伙企业事务的执行权，没有权利代表合伙企业，张某擅自与上海某单位签订购销合同而给合伙企业造成损失，应当赔偿。合伙人王某将张某告上法庭的理由是合法的，应得到支持。当然合伙人内部的约定不能对抗善意的第三人，本案中上海某单位不知晓张某并非合伙企业事务执行人，对于张某与之签订的合同，其效力应当归于合伙企业，在合伙企业承担合同责任完毕后，再向张某主张损害赔偿。

6 被委托执行合伙企业事务的合伙人不按照合伙协议执行事务的，其他合伙人是否可以决定撤销委托？

2002 年 3 月，甲乙丙三人设立了一家合伙企业，主要经营范围为采集砂石。合伙协议中约定由甲来执行合伙企业事务，如果甲不按照合伙协议的约定执行合伙企业事务，给合伙企业或合伙人造成损失，应当予以赔偿，并且其他合伙人有权撤销委托。2002 年 7 月，甲在执行合伙企业事务时，将合伙企业的房产低价卖给了自己的亲戚，直接造成合伙企业损失了 2 万元，乙丙得知以上事实后，向甲要求赔偿损失，甲提出的抗辩理由为："我是合伙企业的事务执行人，我有权处分合伙企业的财产。”于是，乙丙将甲起诉到人民法院，并提出了撤销委托的申请。

合伙协议约定或者经全体合伙人决定，可以委托一名或数名合伙人执行合伙企业的事务。被委托的合伙人，一方面享有按照合伙协议约定或者全体合伙人的决定执行事务的权利，另一方面负有按照合伙协议约定或者全体合伙人的决定执行事务的义务。为了防止被委托的执行合伙企业事务的合伙人滥用权力，合伙协议或者全体合伙人通常在委托授权时，会要求被委托执行事务的合伙人行使权力不得超出合伙协议所规定的范围和期限，不得与全体合伙人的共同决定相抵触；并且规定被委托执行事务的合伙人如有侵犯合伙人的共同利益，或者因为无能、失职、独断专行而使合伙人的共同利益蒙受损失时，应该被立即撤销委托并承担赔偿责任。同时，被委托执行事务的合伙人就其执行事务的义务，无正当理由，不得任意辞职，而其他合伙人亦不得无故剥夺其执行事务的权利，否则，合伙企业的共同目的将无法实现，合伙企业的经营活动亦无法展开。只有当被委托执行合伙企业事务的合伙人不按照合伙协议约定或者全体合伙人的决定执行事务时，其他合伙人才可以随时解除这种关系，因为信用既失，自然不能强迫其他合伙人继续委托，所以，《合伙企业法》第 29 条第 2 款规定：“受委托执行合伙事务的合伙人不按照合伙协议或者全体合伙人的决定执行事务的，其他合伙人可以决定撤销该委托。”

本案中，甲虽然是合伙企业的事务执行人，但是甲在处分合伙企业的财产时，必须考虑合伙企业的利益，不能损害合伙企业的利益，否则，应当赔偿给合伙企业造成的损失。合伙企业的其他合伙人可以撤销委托。因此，人民法院应当支持乙丙的主张。

7 不参加执行事务的合伙人享有哪些权利？

1999年12月，甲乙二人设立了合伙企业。合伙协议中约定：“甲是合伙企业的事务执行人，乙不参加合伙企业事务的执行，但是乙对甲对外代表合伙企业的行为有检查监督的权利。”

合伙企业事务的执行情况涉及每个合伙人的个人利益，每个合伙人都有权去关心合伙企业的事务执行。合伙关系的性质决定了每个合伙人既有权利对其他合伙人执行合伙企业事务的情况进行监督，又有义务接受其他合伙人对自己执行合伙企业事务情况的监督。《合伙企业法》第27条第2款规定：“不执行合伙事务的合伙人有权监督执行事务合伙人执行合伙事务的情况。”所以，如果合伙人之间划分了执行事务的权限，那么不参加执行事务的合伙人就有权对该项事务的执行情况进行检查和监督。不参加执行事务的合伙人行使监督权的方式主要有以下两种：

第一，询问和检查执行情况。合伙人之间应该是不存在经营秘密的，每一个合伙人都有权了解全部经营活动，不参加执行事务的合伙人更有权了解受委托的合伙人执行合伙企业事务的情况。如果具有事务执行权的合伙人对不参加执行事务的合伙人保守秘密，就有可能使其在不了解事实真相的情况下做出错误判断。所以，不参加执行事务的合伙人了解合伙企业事务执行情况的权利是不容侵犯的。至于检查的范围和方式，一般包括：随时检查合伙企业事务，如当执行事务的合伙人与他人订立买卖合同时，不参加执行事务的合伙人即可以随时查询该合同的内容及买卖的进度和交易状况；随时检查合伙企业财产状况，如不参加执行事务的合伙人可以随时检查合伙企业资产负债情形，以明了合伙企业财产的状况，或者请求受委托执行事务的合伙人报告合伙企业债务人的经济实力，以判断合伙企业债务人能否履行未到期债务；随时查阅账簿，如不参加执行事务的合伙人可不限于会计年度终了时，随时查阅合伙企业所谓各种会计账册，以了解自己需要知悉的一切经营活动细节等。

第二，提出异议、请求暂时停止执行。处于监督地位的合伙人发现正在执行事务的合伙人行为不当或错误，有可能给全体合伙人的共同利益造成损害时，有权提出异议，请求执行事务的合伙人暂停他正在执行而尚未完成的合伙企业事务。

本案中，甲作为合伙企业的事务执行人，有接受其他合伙人检查监督合伙企业事务的义务，乙有权检查监督甲的行为。

8 合伙人分别执行合伙企业事务时，某一合伙人与其他合伙人就执行的事务发生争议的，如何处理？

2001 年 1 月，张某与许某设立了一家合伙企业，从事咨询服务。合伙协议中约定了合伙人的权利义务，但是没有约定当合伙人执行合伙企业事务发生争议时的解决办法。2002 年 3 月，张某在对外代表合伙企业与甲签订咨询合同时，许某认为张某的行为损害合伙企业的利益，于是，提出了异议。那么张某与许某之间的争议该如何解决呢？

为了促进合伙企业经营活动的顺利开展，发挥各合伙人之所长，合伙协议可以约定或者经全体合伙人决定，将合伙企业的有关事务委托给合伙人来分别执行。分别执行的合伙企业事务通常是合伙企业日常例行的业务经营活动，由于此种事务关系轻微，发生次数频繁，为争取时效，人尽其才，《合伙企业法》允许由有事务执行权的合伙人分别执行。但是，在分别执行时，合伙人难免会有考虑不周及执行不当的情况发生，同时也不排除个别合伙人未能以诚实信用谨慎态度，来对待其所执行的合伙企业事务。针对这种情况，如果合伙人的行为有损于合伙企业的利益、不当或错误，《合伙企业法》第 29 条第 1 款规定："合伙人分别执行合伙事务的，执行事务合伙人可以对其他合伙人执行的事务提出异议。提出异议时，应当暂停该项事务的执行。如果发生争议，依照本法第三十条规定作出决定。"按照这个条款的规定，合伙人可以对其他合伙人执行的事务提出异议。提出异议权是合伙人一项不容侵犯的法定权利，体现了合伙人对合伙企业事务执行的监督权，是维护全体合伙人共同利益的根本保证。当然，如果仅是合伙人对其他合伙人执行的事务提出异议还不够，该条款又进一步规定，提出异议时，应暂停该项事务的执行，这样就防止了执行事务的合伙人对提出的异议置之不理，从而也避免了可能给合伙企业造成的损害扩大。至于由分别执行合伙企业事务引起的争议，应按照合伙协议规定的合伙人争议解决方式来处理，提出异议的合伙人与执行事务的合伙人可以就争议进行表决。

本案中，合伙人许某对张某对外签订合同的行为提出异议，这是许某的一项合法权利。在许某提出异议后，应暂停合伙企业事务的执行，这时张某与许某应当共同决定如何处理该争议。

9 全体合伙人是否对执行合伙人在执行合伙企业事务时所产生的亏损承担责任？

2001 年 3 月，甲乙二人设立了合伙企业，主要经营范围为车辆租赁。在合伙协议中，甲乙二人约定由乙为执行合伙人对外代表合伙企业。2001 年 5 月，乙在对外以合伙企业名义与委托租赁人签订合同时，不慎被骗，造成合伙企业损失 2 万元。债权人找到该合伙企业，要求甲承担责任。甲认为，乙在对外以合伙企业名义进行经营活动时对合伙企业造成了损害，应由乙自行承担责任。于是，债权人将该合伙企业告上法庭。

合伙企业具有合伙人相互信任的人合性质，原则上合伙企业事务由合伙人共同执行，合伙人之间、合伙人与合伙企业之间互为代理关系。同时，也允许依照合伙协议的约定或者全体合伙人决定，委托一名或数名合伙人执行合伙企业事务。但是在这种情况下，受委托执行事务的合伙人负有向其他合伙人报告事务执行情况以及合伙企业经营状况和财务状况的义务。《合伙企业法》第 28 条第 1 款规定："由一个或者数个合伙人执行合伙事务的，执行事务合伙人应当定期向其他合伙人报告事务执行情况以及合伙企业的经营和财务状况，其执行合伙事务所产生的收益归合伙企业，所产生的费用和亏损由合伙企业承担。"这条规定体现了委托代理这一民事行为的基本原则。合伙关系的性质决定了合伙人在合伙企业事务执行范围内互为代理人，同时法律也允许依合伙协议约定或全体合伙人决定，委托一名或数名合伙人执行合伙企业事务，对外代表合伙企业，这种基于委托授权关系而产生的代理行为的法律后果之所以由全体合伙人承受，乃是因为设立代理权的宗旨是为了使全体合伙人能够借助个别或部分合伙人的力量来维护整体的利益，达到最佳的经营效果。如果全体合伙人事必躬亲地处理合伙企业各项事务不仅在实际操作中会有诸多不便，必然将增加成本，降低效率，而且每个合伙人也并非都能胜任。受委托执行事务的合伙人的活动完全是根据全体合伙人的意思，而又受全体合伙人授权范围的制约，因此，合伙事务执行人的行为后果自然归属于全体合伙人。本案中，因为乙是合伙企业的执行合伙人，他给合伙企业造成的亏损应由合伙企业承担。

10 合伙协议中是否可以约定合伙人按照人数实行一人一票的表决方式？

1999 年 7 月，张某、李某与善某共同设立了“运通”合伙企业，主要是从事交通运输。合伙协议中约定张某出资 10 万元，李某出资 10 万元，善某出资 5 万元，注册资本共 25 万元。合伙人不按照出资比例行使表决权，而是实行一人一票的表决方式。合伙人这样的约定是否可以呢？

《合伙企业法》第 30 条规定：“合伙人对合伙企业有关事项作出决议，按照合伙协议约定的表决办法办理。合伙协议未约定或者约定不明确的，实行合伙人一人一票并经全体合伙人过半数通过的表决办法。本法对合伙企业的表决办法另有规定的，从其规定。”这条规定所要解决的是合伙人对合伙企业有关事项作出决议时，除《合伙企业法》已有明确规定或者合伙协议另有约定的方式外，实行一个什么样的表决办法。鉴于每个合伙人对合伙企业的出资可能多少不一，而对合伙企业债务均承担无限连带责任，为保护出资较少的合伙人，第 30 条规定，合伙人对合伙企业有关事项作出决议时，可以实行一人一票的表决办法。也就是说，无论出资多少和以何种方式出资，表决权数都应以合伙人的人数为准，即每一个合伙人对合伙企业有关事项均有同等的表决权。这样以合伙人人数计算表决权的方式，就与《公司法》规定的公司股东的表决权数按照股东股份决定的规定截然不同，充分体现了有限责任制度与无限责任制度的根本区别。

需要指出的是，合伙企业的性质决定了根据多数合伙人的意见对合伙企业有关事项作出的决议不能损害少数或个别合伙人的利益，而适用少数服从多数原则来表决的合伙企业有关事项也应仅限于合伙企业经营中的日常事务，至于处理合伙企业的重大问题当不在此列。本案中，张某、李某与善某约定实行一人一票的表决方式是合法有效的。

11 合伙人同他人合作经营与本合伙企业相竞争的业务，是否允许？

2000年8月，王某与张某设立了“君和”合伙企业，主要经营餐饮业。合伙企业成立后，生意不错，于是王某的一个朋友找到王某，想与之合作另办一餐饮公司，王某有些担心，毕竟自己与张某已设立了合伙企业，如果自己再另外设立经营同样业务的公司的话，恐怕有些不道德。但是王某的朋友认为，王某与张某设立的合伙企业与王某与朋友设立的公司不冲突，因此，极力劝说王某。王某朋友的说法是否正确呢？

为了保证合伙企业业务的正常开展，法律规定任何合伙人都不得自营或者同他人合伙经营与本合伙企业相竞争的业务。因为合伙人执行合伙企业的事务，熟悉合伙企业的内部情况，而且合伙人之间不存在经营秘密，如某一合伙人利用其所掌握的知识、经验和信息自己经营或者同他人合作经营与本合伙企业相竞争的业务，就极有可能损害合伙企业中其他合伙人的利益。所谓“与本合伙企业相竞争的业务”，通常是指与本合伙企业经营业务相同或相关的业务，例如，一个从事建筑维修的合伙企业其中某一个以装修技艺作为出资的合伙人，同时自己又去单独经营装修业务或者同他人合作经营装修业务，他极有可能会营私舞弊，将其本是作为合伙人身份所承揽的业务转移到自己或者同他人合伙经营的企业手中，直接损害合伙企业的利益；他也可能因在合伙企业经营地域范围内独自承揽到或者同他人合作承揽到装修业务，而使本合伙企业业务减少，从而间接损害合伙企业的利益。因此，这种自营或者同他人合作经营与本合伙企业相竞争业务的行为，法律当然要予以禁止。所以《合伙企业法》第 32 条第 1 款规定：“合伙人不得自营或者同他人合作经营与本合伙企业相竞争的业务。”

本案中，王某虽然可以设立合伙企业或者公司，但是王某不能自己经营或者与他人合作经营与本合伙企业相竞争的业务。王某的朋友打算与王某设立餐饮公司，原因在于王某与张某设立餐饮合伙企业生意较好，如果王某再与其朋友设立餐饮公司，那么后设立的公司与原合伙企业一定会形成竞争，不利于原合伙企业的发展，因此，王某的朋友的说法是不正确的。

12 合伙协议中规定合伙人可以与合伙企业进行交易，是否合法？

1999 年 12 月，庞某与蒋某设立了一家合伙企业。合伙协议中约定，合伙人可以与本合伙企业进行交易，但是交易的价格应与市场上的价格一致，且要取得另一合伙人的同意。合伙企业成立后急需一批生产原料，于是庞某打算将自家仓库中的一批原材料卖给合伙企业，该批原材料的市场价格是15元一斤，庞某出价为20元一斤，蒋某不同意，认为庞某故意抬高价格，于是不同意这笔交易。但是庞某认为，合伙协议中已经约定了合伙人可以与合伙企业进行交易，蒋某反对的理由不充分。于是，蒋某将庞某告上法庭。

为了维护全体合伙人的共同利益，法律规定除合伙协议另有约定或者经全体合伙人同意外，合伙人不得同本合伙企业进行交易。因为，当合伙人代表合伙企业同自己进行交易时，很容易牺牲合伙企业的利益而满足自己个人的私利。例如，一个从事建筑施工的合伙企业，急需购买若干吨水泥，于是其中的某一合伙人就设法以自己个人名义购买了500吨，然后未经全体合伙人同意每吨加价100元卖给合伙企业，从中取得了其他合伙人未能取得的利益。由于合伙人既熟悉合伙企业的经营秘密，又对执行合伙企业事务享有同等权利，显然拥有一般合同当事人所无法获得的优势，如果某一合伙人滥用了这种优势，同本合伙企业进行交易，为个人谋取私利，就必然损害其他合伙人的利益。因此，法律对合伙人权利的限制实属必要。当然这种限制是有前提条件的，即合伙协议另有约定或者全体合伙人同意的除外，也就是说，如果合伙协议约定或者全体合伙人同意，合伙人是可以按照约定与本合伙企业进行交易的。例如，一个从事食品加工的合伙企业，需要长期而稳定的原料供应，而其中某一个合伙人自家正是生产销售所加工食品原料的，且质量稳定、价格适中、保障可靠，那么，只要合伙协议约定或者经全体合伙人同意，合伙企业完全可以同这个合伙人订立合同进行交易，这是法律所允许的，也是符合交易双方当事人根本利益的。《合伙企业法》第32条第2款规定："除合伙协议另有约定或者经全体合伙人一致同意外，合伙人不得同本合伙企业进行交易。”

本案中，合伙协议中约定合伙企业可以与合伙人进行交易，但是这是有条件的，即交易的价格应与市场上的价格一致，且要取得另一合伙人的同意。庞某作为合伙人，可以按约定与合伙企业进行交易，但是庞某提出的价格与市场价格不一致，蒋某有权提出反对。因此，人民法院应该支持蒋某的主张。

13 某个合伙人是否可以自行决定改变合伙企业的名称？

1999 年 4 月，张某、郑某与田某设立了“浩田”合伙企业。合伙企业的经营范围为蔬菜批发零售。合伙企业成立后，张某与郑某一直策划着变更合伙企业名称，因为二人认为“浩田”这个字号不太适合用于蔬菜批发零售。2001 年 3 月，张某与郑某商议将合伙企业的名称改为“清洁”。田某得知了张某与郑某的上述行为后，出言阻止，提出合伙企业的字号是合伙企业的商誉象征，任何合伙人想改变合伙企业的字号必须经过其他合伙人的同意才可。张某与郑某执意不肯，于是田某将张某与郑某告上了法庭。

合伙企业名称，也称合伙字号，是全体合伙人从事经营活动，区别于其他民事主体的标志。全体合伙人作为一个整体，以字号的名义进行工商登记，拥有动产和不动产，开立银行账户，申请商标注册，与第三人发生债权、债务关系。在公众的印象中，合伙字号是合伙企业的象征，因此，合伙字号与商标一样，本身虽无财产内容，但关系到合伙企业的“商誉”。改变合伙企业名称既涉及每个合伙人的利益又涉及全体合伙人作为一个整体的"商誉"，所以必须经全体合伙人同意。《合伙企业法》第31条规定："……合伙企业的下列事项应当经全体合伙人一致同意：（一）改变合伙企业的名称……"

正是因为合伙企业名称具有上述价值，合伙人在改变合伙企业字号时必须经过其他合伙人的同意才可以，否则，擅自改变的行为是无效的。本案中，张某与郑某虽然是合伙人，对合伙企业事务有相当的支配权，但是改变合伙企业字号没有经过全体合伙人的同意，因此，田某的主张应该得到法庭的支持和认可。

14 某个合伙人是否可以以合伙企业的名义为他人提供保证？

2000年1月，勤某与宫某设立了一家合伙企业，合伙协议中约定，合伙人不得以合伙企业名义为他人提供担保，除非经过全体合伙人同意。2000年3月，勤某的一个朋友在向银行贷款时被要求提供担保，于是勤某的朋友找到勤某，希望能为他提供担保。勤某碍于朋友的交情，在银行的贷款合同书上以合伙企业的名义签了字。2000年8月，还款期限到了，但是勤某的朋友无法还款，于是银行找到勤某所在的合伙企业，要求合伙企业承担责任。宫某对银行表示理解，但是也提出合伙协议中已经约定合伙人不得以合伙企业的名义为他人提供担保，除非经全体合伙人同意，因此不承担责任。银行不能接受宫某的观点，于是将合伙企业告上法庭。

以合伙企业名义为他人提供担保，也就是说以合伙企业的财产和信誉为他人的债务提供担保，当他人不履行债务时，债权人可以要求合伙企业负责清偿或者通过处分合伙企业的财产优先得到清偿。鉴于以合伙企业名义为他人提供担保直接关系

到合伙企业的财产安全和全体合伙人的共同利益，事关重大，因此，任何合伙人不得擅作主张轻易为之，如确实需要以合伙企业名义为他人提供担保，必须经全体合伙人同意。但是如果某个合伙人以合伙企业名义为他人提供担保，那么应该如何处理呢？我国法律没有直接规定处理的结果。《合伙企业法》第31条规定：“……合伙企业的下列事项应当经全体合伙人一致同意：……（五）以合伙企业名义为他人提供担保……”这样的规定属于法律的强制性规定，因此，本案中，勤某与银行签订的保证合同属于无效合同，银行不能主张自己的权益，只能向勤某要求承担缔约过失责任。

15 某个合伙人是否可以将合伙企业的不动产为自己的债权人提供抵押？

2000年1月，甲乙丙丁四人设立了“志同”合伙企业，旨在经营布艺用品。合伙协议中约定，合伙企业的不动产只有在全体合伙人同意的前提下才可处置，任一合伙人不可以擅自处分合伙企业的不动产，包括转让、出租、为第三人提供担保等。该合伙企业成立后，经济效益一直不错，在短短一年时间里，合伙企业积累了两座房产、两块土地。2001年3月，合伙人甲个人购置了一辆桑塔纳牌轿车，但是在办理贷款的过程中，银行要求甲提供担保，于是甲将合伙企业的一座价值10万元的房产抵押给了银行，那么甲的行为是否被法律所认可呢？

合伙企业是一种个人权利的联合，每一个合伙人在合伙企业内部始终保持着独立的主体地位。对于处分合伙企业的不动产和其他财产权利等重大事务，必须经全体合伙人一致同意才能作出决定。因为这些事务涉及合伙企业的根本利益，关系重大，必须尊重每个合伙人的意志，所以法律有必要明确规定合伙企业的哪些事务须经全体合伙人同意，以保护全体合伙人的共同利益。合伙企业的不动产，是指合伙人的不动产出资和所有以合伙企业名义取得的不动产收益。合伙企业的不动产由全体合伙人共同管理和使用，未经全体合伙人同意，不得处分。所谓“处分”，是指对财产进行处置、决定财产命运的行为，由于对财产的处分最终决定财产的归属，因而处分权历来被认为是所有权的核心，在一般情况下，只能由所有人享有和行使。正因为合伙企业的不动产属于合伙企业的财产，处分合伙企业的不动产将直接关系到合伙企业的存亡，所以必须经全体合伙人同意。《合伙企业法》第 31 条规定：“……合伙企业的下列事项应当经全体合伙人一致同意：……（三）处分合伙企业的不动产；（四）转让或者处分合伙企业的知识产权和其他财产权利……”某个合伙人将合伙企业的不动产为自己的债权人提供抵押属于处分不动产的行为之一。

本案中，合伙企业因为效益较好而积累起来的房产及土地属于合伙企业所有，而不是合伙人个人的财产，合伙人要处分合伙企业的财产必须经过全体合伙人的一致同意后方可进行。甲将合伙企业的房产抵押给自己的债权人银行，是甲擅自处分合伙企业财产的行为，这是不为《合伙企业法》所认可和接受的。

16 部分合伙人是否可以作出解聘现任经营管理人员、聘任合伙人以外的人担任合伙企业的经营管理人员的决定？

1999 年 7 月，王一、王二、王三、王四几个亲兄弟设立了一家合伙企业，经销某种商品，但是由于兄弟四人无一人精通销售，于是在朋友的介绍下，他们聘任了当地比较有名的人士李某作为合伙企业的经营管理人员，负责合伙企业的商品销售。合伙企业成立后，前半年经营状况顺利，但是在后半年，却商品滞销，效益极低，王二与王三就将这种情况归咎于李某，认为是李某没有在销售渠道上把关，直接导致经营状况不佳，于是王二与王三决定解聘李某，并给李某下了解聘通知。但是王一与王四不同意王二与王三的上述做法，认为合伙企业的经营效益较差不是因为李某个人不努力，而是因为市场太疲软，经济背景太差，现兄弟四人争执不下，那么谁的看法是正确的呢？

聘任合伙人以外的人担任合伙企业的经营管理人员是合伙人的一项权利。合伙企业的基本特征是合伙人直接参与共同经营，但是为了合伙企业内部的协调和管理的需要，也可以聘任合伙人以外的人担任合伙企业的经营管理人员，具体负责合伙企业日常事务管理，以提高工作效率。因为并不是每一个合伙人都善于经营管理合伙企业，每个合伙人的能力、精力都是有限的，在合伙人不能亲自经营管理合伙企业时，就需要聘任合伙人以外的人来经营管理企业，由合伙企业来支付报酬。所聘任的经营管理人员履行职务、实施行为，实则是为合伙企业的利益，即为全体合伙人的利益行事，因此，被聘任的经营管理人员行为的法律后果由合伙企业也就是全体合伙人承担，这也就事关每一个合伙人的利益，因此，必须经全体合伙人同意方可决定聘任，任一或几个合伙人不能擅自决定解聘或者聘任。由此，《合伙企业法》第 31 条规定：“……合伙企业的下列事项应当经全体合伙人一致同意：……（六）聘任合伙人以外的人担任合伙企业的经营管理人员。”

本案中，李某是合伙企业的外聘人员，负责合伙企业的经营管理，合伙企业的销售业绩较差跟李某多少会有关系，但是这不能构成部分合伙人解聘李某的理由。合伙企业的经营管理人员是合伙企业全体合伙人聘任的，解聘也必须经过全体合伙人的同意，法律没有赋予部分合伙人聘任或解聘合伙企业经营管理人员的权利。因此，王二与王三认为可解聘李某的认识是错误的，与《合伙企业法》的相关规定是冲突的，王一与王四虽然不同意解聘李某，但是并没有正确说明不应解聘的真正理由，不能解聘李某的真正原因是必须经过全体合伙人的同意方可，只有部分合伙人主张是不可以的。

17 合伙协议未约定利润分配和亏损分担比例的，利润和亏损如何分配？

2002 年 6 月，李某与张某设立了合伙企业，但是合伙协议中并没有对合伙企业的利润分配和亏损分担作出约定，在 2002 年年底分配利润时，李某主张应该按照出资比例分配利润，张某主张应平均分配利润，哪种说法是正确的呢？

合伙企业的基本特征是由各合伙人订立合伙协议，共同出资、合伙经营、共享收益、共担风险，因此，合伙企业经营的结果，无论是有盈余还是亏损，均应分配给各合伙人。也称为合伙企业的损益分配，即将经营合伙企业所产生的利润或亏损，由各合伙人分配或分担。所谓“利润”，是指合伙企业财产多于合伙企业债务及出资之和的部分；所谓“亏损”，是指合伙企业财产少于合伙企业债务及出资之和的部分。合伙人出资设立合伙企业，其根本目的在于通过自己的投资经营来获得

较大的利润，所以合伙企业的损益分配直接关系到各合伙人的切身利益，其具体办法必须在合伙协议中明确规定。至于分配和分担的比例应由合伙人约定，可以根据各合伙人的出资比例分配；可以按合伙人人数平均分配；如果合伙人是以劳务出资的，更可以考虑合伙人的劳务类别、技术水平高低等因素，根据“按劳取酬”的原则来分配；还可以同时兼顾出资比例、各合伙人数和按劳取酬三个方面来进行。总之，一项基本原则就是合伙企业的利润和亏损，由合伙人依照合伙协议约定分配和分担。那么分配之前是否要提留一定比例的公积金和公益金，是否要提留一定的后备基金以准备清偿债务，还有提留多少，则取决于合伙企业的存续期间、合伙企业业务的性质、合伙人之间的约定和合伙企业的债务情况。如果合伙协议未约定利润分配和亏损分担比例的，由各合伙人平均分配和分担，也就是说，无论出资多少、贡献多少，一律按合伙人数平均分配利润和分担亏损。之所以这样规定，主要考虑合伙企业毕竟是当事人协议的结果，以及承担无限连带责任的合伙人之间利益平衡的问题。《合伙企业法》第 33 条规定：“合伙企业的利润分配、亏损分担，按照合伙协议的约定办理；合伙协议未约定或者约定不明确的，由合伙人协商决定；协商不成的，由合伙人按照实缴出资比例分配、分担；无法确定出资比例的，由合伙人平均分配、分担。合伙协议不得约定将全部利润分配给部分合伙人或者由部分合伙人承担全部亏损。”本案中，合伙协议中没有约定利润的分配方法，应按照《合伙企业法》第 33 条的规定，平均分配利润，因此，张某的主张是正确的。

18 被聘任的合伙企业的经营管理人员，超越合伙企业授权范围从事经营活动，并且给合伙企业造成损失的，合伙人是否可以要求其承担赔偿责任？

1999年8月，甲乙设立了一家合伙企业，从事运输业务，但是二人根本不懂运输，于是甲乙决定聘任懂行的丙作为合伙企业的经营管理人员。甲乙以合伙企业的名义与丙签订了聘任合同，但是聘任合同本身并没有对丙的权利义务作出详细的规定，也没有规定丙如果给合伙企业造成损失如何处理。2000年3月，在托运一批货物去外省市的途中，丙将此货物私自转卖给了丁，造成托运人损失，于是托运人要求合伙企业赔偿，合伙企业赔偿完毕后，向丙追偿，但是丙认为，聘任合同中没有对经营管理人员的责任作出明确规定，而且他将货物转卖给丁的行为是为了货物本身的考虑，因为当时天气恶劣，货物的存放期间有限，如果不及时处理，恐怕损失会很大，就作出决定在途中将货物处理掉。于是，甲乙将丙告上法庭。

虽然合伙企业的基本特征之一是合伙企业事务由合伙人共同执行，互为代理，但是为有利于加强合伙企业内部的协调与管理，提供工作效率，也可以聘任合伙人以外的人担任合伙企业的经营管理人员，具体负责合伙企业日常事务管理。虽然被聘任的经营管理人员也在执行一定的合伙企业事务，但他们毕竟不等同于执行合伙企业事务的合伙人。至于被聘任的经营管理人员到底是合伙企业对外开展经营活动的代表人，还是合伙人之间内部争议的协调者，这完全取决于全体合伙人愿意给他们怎样的授权和称谓，而一旦他们接受了聘任，也就意味着他们接受了全体合伙人的权利约束，必须按照合伙企业的授权范围从事经营活动。被聘任的经营管理人员应当在合伙企业授权范围内履行职务，如果他们超越了授权范围从事经营活动，也就是违反了合同的约定，自然应当承担相应的违约赔偿责任；同样如果被聘任的经营管理人员在履行职务的过程中有过错，因故意或者重大过失，给合伙企业造成损失的，也应承担过错赔偿责任。《合伙企业法》第35条规定：“被聘任的合伙企业的经营管理人员应当在合伙企业授权范围内履行职务。被聘任的合伙企业的经营管理人员，超越合伙企业授权范围履行职务，或者在履行职务过程中因故意或者重大过失给合伙企业造成损失的，依法承担赔偿责任。”这是对被聘任的合伙企业经营管理人员应承担责任的规定，有助于防止他们超越授权滥用权利从事经营活动，以及因故意或重大过失等给合伙企业造成损害，以保护合伙企业及其合伙人的合法权益。

本案中，丙的行为是否为托运人考虑需要丙举出充分的证据，否则，丙仍然要赔偿给托运人造成的损失。但是因为合伙企业已经向托运人赔偿完毕，丙只需向合伙企业履行赔偿义务。

19 合伙企业对合伙人对外代表合伙企业权利的限制，是否可以对抗不知情的善意第三人？

2000年3月，甲乙设立了一家经销电器的合伙企业，合伙协议中约定，合伙人对外代表合伙企业是有条件的，即购买电器的数量不能超过1000台，型号不能低于pw100，否则，由合伙人自行承担由于超越权限给合伙企业造成的损失。合伙企业成立后，甲去上海购买电器，在与厂家签订购销合同时，甲将购买的数量提高到2000台，型号为pw200。甲从上海返回不久，合伙企业收到了上海发来的货物，发现数量超过了

1000 台，于是乙以合伙协议的约定为理由拒绝接收这些货物，上海厂家将该合伙企业告上了法庭。

法律规定，合伙企业授权合伙人代表合伙企业执行事务，其授权范围的大小不得对抗不知情的第三人，《合伙企业法》第 37 条规定："合伙企业对合伙人执行合伙事务以及对外代表合伙企业权利的限制，不得对抗善意第三人。"这里的"善意第三人"，即不知道或者不应当知道与之订立合同的合伙人权利是受限制的。另外，此处受限制的合伙企业事务一般是合伙企业的日常或普通事务，不致引起合伙企业的重大变更。

本案中，上海厂家相对于合伙企业来说是不知情的善意第三人，而合伙协议中关于合伙人权利的限制属于合伙人内部的规定，不能对抗善意的第三人，因此，合伙企业不能以甲超越权利限制为由对抗上海厂家，只能在合同履行完毕后再要求甲赔偿因为不遵守约定给合伙企业造成的损失。

20 合伙人对合伙企业债务承担连带责任后，所清偿数额超过其应当承担的数额时，是否可以向其他合伙人追偿？

2001 年年底，张某、常某与李某共同设立了合伙企业，但是合伙企业成立后，经营状况很差，对外欠款较多，截至 2002 年年中，合伙企业对外欠款 20 万元。债务到期后，债权人某商业银行找到合伙企业，要求偿还欠款。合伙企业并不拒绝偿还债务，但是由于合伙企业账面上确实没有现金，于是银行找到了合伙人张某，要求他偿还合伙企业的欠款，张某考虑到合伙企业的存续问题，因此，偿还了银行的 20 万元，但是实际上张某的出资只占合伙企业资本的 10%，合伙协议中也约定张某只承担10%的债务，于是张某请求常某与李某偿还其超额偿还的部分。

《合伙企业法》第33条规定："合伙企业的利润分配、亏损分担，按照合伙协议的约定办理；合伙协议未约定或者约定不明确的，由合伙人协商决定；协商不成的，由合伙人按照实缴出资比例分配、分担；无法确定出资比例的，由合伙人平均分配、分担。合伙协议不得约定将全部利润分配给部分合伙人或者由部分合伙人承担全部亏损。"这一规定认可了两种分担亏损比例的方法，即约定比例和平均分担。从承担债务角度看，两种分担比例都是合伙人之间按份承担合伙企业债务的方式，即按份之债。《合伙企业法》的相关规定，是以民法合伙法律制度为立法基础的。《民法通则》第35条规定，合伙的债务由合伙人按照出资比例或者协议的约定，以各自的财产承担清偿责任。但要注意区别的是，《民法通则》允许合伙人在对合伙债务承担没有约定的情况下，以合伙人出资的比例分担债务，《合伙企业法》限制了这种分担比例，规定有约定分担比例的，依约定比例，没有约定分担比例的，只允许平均分担合伙企业的债务。《合伙企业法》第40条规定："合伙人由于承担无限连带责任，清偿数额超过本法第三十三条第一款规定的其亏损分担比例的，有权向其他合伙人追偿。"合伙人向其他合伙人追偿必须符合以下条件：（1）合伙人承担合伙企业债务已超出其按份之债。（2）向承担合伙企业债务不足其按份之债的合伙人追偿。（3）向某一合伙人追偿的数额不能超过其应承担的按份之债。民事程序上，合伙人向其他合伙人一并进行追偿的诉讼，为必要共同诉讼，人民法院可列其他合伙人为共同被告，案件进行合并审理。

本案中，合伙企业的财产不足以偿还合伙企业的债务时，应由各个合伙人偿还。张某本应该只承担其中的10%，即2万元，而实际上张某承担了20万元，那么张某当然可以就已偿还的18万元债务对其他合伙人享有请求权。

21 合伙人个人财产不足以清偿其个人所负债务的，该合伙人能否以其从合伙企业中分取的收益清偿？

1999年6月，甲乙设立了“盛贸”合伙企业，经营小家电的分销业务。合伙企业成立后，合伙人甲以自己的名义向朋友丙借了3万元的个人债务，用于家庭生活，借款期为1年，到期后，甲不能按时偿还债务，于是甲提出以其在合伙企业中分取的收益清偿对丙的债务，乙不同意，乙认为，甲是合伙企业的合伙人，丙不是合伙人，丙不能取代乙成为合伙人，不能分取合伙企业的收益，乙坚决不同意甲的要求。于是，甲将乙告上法庭。

法律规定合伙人的个人债务只能以合伙人的个人财产清偿，合伙人从合伙企业分取的收益，属于合伙人的个人财产，可以用来清偿个人债务。当合伙人的个人财产不足清偿债务时，该合伙人应以其在合伙企业中的财产份额清偿债务。《合伙企业法》第42条规定：“合伙人自有财产不足清偿其与合作企业无关的债务的，该合伙人可以以其从合伙企业中分取的收益用于清偿……”债权人只能获得合伙人在合伙企业的财产份额，不能取得合伙人的地位，也不能行使合伙人在合伙企业的权利。合伙人转让合伙企业财产份额，其他合伙人有优先购买权。优先购买权也可以称为优先受让权，指权利人将特定财产出卖时享有的较其他公民、法人优先买得该财产的权利。优先购买权是对出卖人财产所有权所增加的负担，目的是为保证在出卖转让特定物的财产所有权时，先买人能购得该物，以稳定现存的财产关系。优先购买权是法定权利，没有法律规定，则没有优先购买权。其他合伙人在行使优先购买权时，应符合以下条件：第一，合伙人所支付的购买条件应与其他购买人同等；第二，实施优先购买权的时机为出卖合伙企业财产之时。

本案中，甲用其在合伙企业中的财产份额清偿个人债务是被《合伙企业法》认可的，丙取得甲在合伙企业中的收益不等同于丙取代了合伙人甲的合伙人地位，这是两个不同的概念，不能混为一谈。甲在合伙企业中的收益属于甲的个人财产，当然可以用于清偿个人所负的债务，这是甲充分行使处分权的行为，任何人不能干涉。因此，甲的主张应该得到法庭的支持。

22 合伙人个人的债权人是否可以依法请求人民法院强制执行该合伙人在合伙企业中的财产份额用于清偿？

1999 年 7 月，陈某、张某与高某共同设立了一家合伙企业，主要经营建筑材料的批发和零售等业务。合伙企业成立后，陈某因为家庭生活困难，遂向其朋友王某借款 1 万元，还款期限为 1 年。但是因为陈某在这一年中生活问题并没有得到解决，故在还款期限到来之时，陈某没能及时清偿王某的债务。于是王某将陈某告上法庭，要求强制执行陈某在合伙企业中的财产份额，陈某不同意王某的主张，认为，合伙企业以人合性为存在基础，如果王某强制执行其在合伙企业中的财产份

额，就等同于王某加入合伙企业一样，这不符合《合伙企业法》的精神。那么陈某的认识是否正确呢？

由于债权人不能代位行使合伙人在合伙企业中的权利，当合伙人拒绝以其在合伙企业中的财产清偿债务时，债权人只能申请人民法院强制执行该合伙人的合伙企业财产份额清偿债务。在其他合伙人不同意合伙企业财产份额转让他人时，人民法院只能以该合伙人的合伙企业财产份额的价值清偿申请人（即债权人）的债权。《合伙企业法》第 42 条规定："债权人也可以依法请求人民法院强制执行该合伙人在合伙企业中的财产份额用于清偿。"债权人只能获得合伙人在合伙企业的财产份额，不能取得合伙人的地位，也不能行使合伙人在合伙企业的权利，即由作为债务人的合伙人转让其财产份额，以转让所得进行清偿。而这时的转让也和一般情况下合伙人转让财产份额一样，其他合伙人有权优先购买。关于优先购买权，前文已有详述。如果其他合伙人不行使优先购买权，那么应该允许人民法院强制执行合伙人在合伙企业中的财产份额。

本案中，陈某认为合伙企业的人合性是合伙企业存在的基础是正确的，但是认为强制执行合伙企业财产份额就是取代陈某在合伙企业中的地位这是不正确的，因为财产份额是一种财产权利，而合伙人的地位则是一种身份，二者是不能相互取代的。

23 不具有事务执行权的合伙人，擅自执行合伙企业事务的，如果给合伙企业造成损失，应如何承担责任？

2001 年 7 月，甲乙丙三人设立了一家合伙企业，合伙协议约定，甲是合伙企业的事务执行人，乙丙不对外执行事务，合伙企业对甲对外代表合伙企业的行为承担责任。合伙企业成立后，甲为合伙企业赢得了很多效益，乙丙也分得了合伙企业的利润。2002 年 7 月，乙与朋友聊天得知有一批货物可以赚钱，于是没有经过其他合伙人的同意就与该批货物的卖方达成了一致，购买了该批货物。甲得知乙的上述行为后，坚决反对，认为现在市场的行情不好，购买该批货物根本赚不到钱，但是乙已经将该批货物运回了合伙企业的场地，并且付了定金。最后这批货物导致合伙企业直接损失了 5 万元，于是，甲与丙要求乙依法承担赔偿责任。

合伙企业的事务执行人可以对外代表合伙企业从事合伙企业事务，其他合伙人不能擅自代表合伙企业，否则，合伙企业就没有必要设立事务执行人了。对事务执行人对外代表合伙企业的行为，由合伙企业承担法律责任。《合伙企业法》第 98 条规定："不具有事务执行权的合伙人擅自执行合伙事务，给合伙企业或者其他合伙人造成损失的，依法承担赔偿责任。"

本案中，甲为合伙企业的事务执行人，有权代表合伙企业处理事务，但是乙丙并不是合伙企业的事务执行人，不能擅自代表合伙企业。而正是因为乙擅自代表合伙企业购买了一批货物才导致合伙企业损失了 5 万元，乙应对其行为负责，即应依法承担损害赔偿责任。

24 合伙企业是否应当建立财务会计制度？

2001 年 7 月，甲乙丙丁四人设立了合伙企业，合伙企业成立后，业务进展得较顺利，当年赢利 10 万元。2002 年 12 月，合伙人在分配合伙企业利润时发生了分歧，甲提出应该按照合伙协议中的出资比例进行分配，乙丙丁同意甲的意见，但是在分配数额上，四人产生了实质分歧。甲作为合伙企业的事务执行人，提出可分配利润为 12 万元，但是乙丙却认为合伙企业至少可分配的利润为 15 万元，于是合伙人全体大会上乙丙提出查阅合伙企业的账目，但是甲却说合伙企业根本没有建立过账目，合伙企业的收入都是靠平时出货单记载的，没有详细的账务细目。乙丙丁认为甲作为合伙企业的事务执行人，却不为合伙企业建立账目，是一种失职行为，于是乙丙丁将甲告上法庭。

合伙企业应建立自己独立的财务部门，负责处理日常及业务上的资金往来及资产状况，以便合伙人知悉合伙企业的资产及现金情况。如果一个企业不建立自己独立的财务会计制度，那么企业的收入与支出就是不明晰的，企业的资产状况就是混乱的，因此，建立财务、会计制度对一个企业来说至关重要。《合伙企业法》第 36 条规定："合伙企业应当依照法律、行政法规的规定建立企业财务、会计制度。"

本案中，甲虽然是合伙企业的事务执行人，但是建立财务会计制度并不是由甲一个人决定的，而是合伙企业的事务，全体合伙人都应该对此负责。乙丙丁作为合伙人，就应该在合伙企业成立后不久，及时建立合伙企业的财务会计制度，而不能将合伙企业尚未建立财务会计制度的责任归咎于甲一个人。

四、合伙企业与第三人的关系

1 合伙企业领取营业执照前，某个合伙人以合伙企业名义与第三人签订了买卖合同，该行为是否有效?

王某与李某就合伙经营矿石生意达成了合伙协议，签订合伙协议后，二人也为设立合伙企业准备了登记申请书、合伙人身份证明。但就在登记机关办理注册登记的过程中，王某以合伙企业的名义与张某签订了向张某购买10吨矿石的合同，后来注册机关在审查王某与李某提供的申请文件时发现二人没有提供有关批准文件，因此不能注册。合伙企业未成立直接导致王某签订的合同无法履行，张某要求王某继续履行原合同或者赔偿损失。合伙企业未成立，即合伙企业未存在时，任何人都不能以合伙企业名义从事经营活动。这时给第三人造成的损失由签订合同的人来承受。也就是说，在本案例中是由王某来承受与第三人签订的合同的权利和义务，如果王某不能继续履行合同，就应该承担责任，王某的行为对合伙企业不发生效力。《合伙企业法》第11条规定："合伙企业的营业执照签发日期，为合伙企业成立日期。合伙企业领取营业执照前，合伙人不得以合伙企业名义从事合伙业务。”可见，我国法律的态度非常明确，合伙企业的营业执照没有签发，合伙企业还未成立，任何以合伙企业名义从事的任何营利活动对合伙企业都是无效的，由当事人承担个人责任。

本案中合伙企业最终没有设立，给第三人造成的损失当然由王某承担。那么如果合伙企业成立了，是否意味着王某与第三人签订的合同当然地由合伙企业承受呢？王某与第三人签订合同是在合伙企业领取营业执照前，不管合伙企业最终是否能够设立，王某的行为对成立后的合伙企业均不发生法律效力，也就是说即使合伙企业已经设立，合伙企业也没有义务承受王某与第三人签订的合同。但是如果合伙企业愿意承受，法律当然会尊重当事人的真实意思，那王某与第三人签订的合同对合伙企业有效。

2 合伙企业中的某个合伙人擅自处分合伙企业的房产，其法律效力如何？是否可以对抗不知情的第三人？

1999 年 9 月，正值北方农村粮食收割季节，甲联络了几个朋友准备在附近农村收粮卖给粮库，赚取差价，这一想法很快得到了当地几个朋友的响应。每人出了 5 万元钱，成立了合伙企业，并购买了一座仓库作为收粮基地。一个秋天，这几个合伙人每人赚了一大笔钱。转眼冬天来临了，仓库没有用处了，甲决定将仓库处理掉。于是甲四处联络，在没有经过其他合伙人同意的情形下，将仓库以 6 万元的价格卖给了附近村不知情的李某，并将仓库的产权证办理了过户。其他合伙人在得知甲擅自处分仓库的行为后，将李某与甲告上了法院，要求返还仓库，重新办理过户。

合伙企业的财产由全体合伙人共同管理和使用，任何合伙人都无权在合伙企业清算前私自转移和处分合伙企业的财产。当合伙人违背该规定擅自出让其无权处分的合伙企业财产时，合伙企业能否以合伙人无权处分而对抗不知情的受让人即不知情的第三人呢？立法在确定是保护合伙企业的利益，还是保护第三人的利益时，面临着两方面的选择。这里就有一个善意取得制度的问题，关于善意取得，前文已有详述。从法律规定上看，合伙企业的损失只能向合伙人进行追索，而不能向不知情的第三人追索。合伙企业也不能以合伙人无权处分其财产而对不知情的第三人的权利要求进行对抗。当然，如果第三人是恶意取得，即明知合伙人无权处分而与之进行交易，或者与合伙人合谋共同侵犯合伙企业权益，则合伙企业可以据此对抗恶意第三人。《合伙企业法》第 21 条第 2 款规定：“合伙人在合伙企业清算前私自转移或者处分合伙企业财产的，合伙企业不得以此对抗善意第三人。”

本案中，甲擅自处分仓库的行为对其他合伙人是不产生效力的，但是由于李某属于不知情的善意第三人，并且已经取得了仓库土地的使用证和房屋的所有权证，因此，其他合伙人不能对抗第三人李某，只能向甲追究擅自处分的责任。

3 合伙企业中某一合伙人的债权人，是否可以以该债权抵消其对合伙企业的债务？

2001 年 1 月，“平安”货运合伙企业与林某签订了托运一批货物的合同，运输的标的是一批家具，在将货物安全送达目的地上海后，林某以暂时无现金为由拖欠运输费 5000 元。

2001年3月，合伙人甲向林某借款5000元作为临时周转资金。林某由于一直拖欠着“平安”合伙企业的运输费，合伙企业决定向林某发出最后通牒，要求其支付运输费，时间为3个月。林某告知合伙企业派来的代表，由于甲一直欠林某5000元，林某又欠合伙企业5000元，因此，愿意用他对甲的债权抵消其对合伙企业的债务。合伙企业不接受这一要求，故在林某拒绝支付运输费的三个月后将林某告上法院。

合伙企业是独立的市场主体，与合伙人个人这一民事主体是分离的。虽然合伙人对合伙企业债务承担无限连带责任，但合伙企业本身具有独立的民事主体资格，其开展民事活动，从事经营行为都是以合伙企业自己的名义进行。合伙企业与第三人的债权债务和合伙人与第三人的债权债务是两个不同的法律关系，不能混淆，合伙企业对第三人的债权不因该第三人对合伙企业某一合伙人的债权而自然抵消。民法理论认为，债可因混同而消灭。债的混同是指债权与债务同归于一人，致使债的关系归于消灭的事实。债的混同成立的原因有概括承受（如企业合并）和特定承受（即债务人受让债权人的债权）。如前所述，合伙企业与合伙人在主体上并非一人，故第三人对合伙企业某一合伙人的债权与其对合伙企业的债务不发生混同，不能抵消。

本案中，林某拖欠合伙企业5000元运输费，这个债权债务关系是发生在合伙企业与林某之间的；合伙人甲与林某之间存在着另外一个债权债务关系，即甲欠林某债务，虽然标的也是5000元，但是这两个债权债务关系的主体涉及的是三方当事人，不是两个主体，不能发生混同的效力，因此，存在的债权债务关系不能抵消。《合伙企业法》第41条规定：“合伙人发生与合伙企业无关的债务，相关债权人不得以其债权抵消其对合伙企业的债务……”

所以说，林某的主张是错误的，是对合伙企业和合伙人关系的误解，合伙企业向林某主张支付5000元运输费是合法的，应得到法院的支持。

4 合伙人个人负有债务，其债权人是否可以直接行使该合伙人在合伙企业中的权利？

1999年3月，某地区甲乙丙三人设立了一家买卖服装的合伙企业，字号为“志同”，并取得了工商注册登记证书。三个合伙人的分工是：甲负责采购，乙负责销售，丙负责财务。在经营的第一年里，三个合伙人合作得还算不错，合伙企业也稍有赢利。2000年年底，甲又去广东进货，但由于甲嗜赌成性，在还未进货前就将随身带来的2万元进货费输了个精光，为了不让乙丙知道这件事情，甲瞒着乙丙二人在广东的一个朋友田某处借了2万元，当时借款时约定：如果甲不能按时清偿欠田某的债务，田某可以直接行使甲在合伙企业中的权利。甲进货回来后，一直没有清偿欠田某的钱，到了清偿日期，田某来到合伙企业所在地，向合伙企业说明了上述情况，打算直接行使甲在合伙企业中的权利。

债权人对合伙人个人的债权，与该债权人对合伙企业的债权不具有同一性，是完全独立的两个债权。合伙企业是建立在各合伙人相互间信赖的基础上的，合伙企业的存续与发展都离不开合伙人彼此间的信任。法律规定合伙人在合伙企业中的权利，其他人不能代为行使，就与合伙企业的上述性质息息相关。依照《合伙企业法》的规定，合伙人对合伙企业的权利主要有：合伙事务执行权、合伙企业经营权、合伙经营监督权、合伙企业利润分享权以及经合伙人协商一致而产生的合伙财产转让权、合伙企业知识产权和其他权利转让权、企业名称变动权、合伙企业解散权等。这些权利都是专属于合伙人自己的，原则上债权人都不能代位行使。《合伙企业法》第 41 条规定："合伙人发生与合伙企业无关的债务，相关债权人……不得代位行使合伙人在合伙企业中的权利。"

本案中，甲与田某的约定是无效的，田某可以另行向甲主张清偿所欠的 2 万元钱，但是田某不能直接行使甲在合伙企业中的权利。因为甲作为合伙企业中的合伙人，与乙丙成立合伙企业的基础是彼此的信任与信赖，如果林某加入合伙企业必须首先经过乙丙的同意，否则，乙丙完全有权不接受田某的要求。

5 如果合伙协议约定合伙企业的利润和亏损不按照合伙人的出资比例进行分配和分担，这种约定是否有效？

甲乙丙于 2000 年 2 月设立了一家咨询型合伙企业，合伙企业协议中约定，甲以现金出资 2 万元，乙以技术出资 1 万元，丙以劳务出资 5000 元，并在合伙协议中约定合伙人利润和亏损不按照出资比例分配和分担，而是按照三人平均分配和分担的原则进行。在年底结算时，合伙企业共赢利 3 万元，丙主张分得其中的 1 万元，而甲乙以丙分配利润过多为由，不同意丙的主张，并将丙告上了法庭。

合伙企业的基本特征是由各合伙人订立合伙协议，共同出资、合伙经营、共享收益、共担风险，因此合伙企业经营的结果，无论是有盈余还是亏损，均应分配予各合伙人。这也就是合伙企业的损益分配，即将经营合伙企业所产生的利润和亏损，由各合伙人分配和分担。合伙企业的损益分配，直接关系到各合伙人的切身利益，其具体办法必须在合伙协议中载明，由合伙人依照合伙协议约定的比例分配和分担。法律规定，如果合伙协议中没有约定，那么，由各合伙人平均分配和分担。《合伙企业法》第33条规定："合伙企业的利润分配、亏损分担，按照合伙协议的约定办理；合伙协议未约定或者约定不明确的，由合伙人协商决定；协商不成的，由合伙人按照实缴出资比例分配、分担；无法确定出资比例的，由合伙人平均分配、分担。合伙协议不得约定将全部利润分配给部分合伙人或者由部分合伙人承担全部亏损。"

本案中，甲乙丙在合伙协议中约定了利润的分配，完全属于当事人的意思自治，也不违反法律的强制性规定，是合法有效的。甲乙虽然出资多于丙的出资，但是在合伙企业协议中甲乙已经自愿放弃了按照出资比例分配的权利，而选择了平均分配的方式，当事人的真实意思当然会得到法律的尊重，而不是干涉，因此，甲乙的抗辩理由是不成立的，不应得到法院的支持。

6 合伙协议中约定只有部分合伙人承担全部亏损的，如何处理？

1999年5月，李某、王某与张某原是同一个工厂的车间工人，下岗后，三人总在一起合计做点什么生意，后李某听说经营装修涂料很赚钱，为了劝说王某和张某两人与他共同设立合伙企业，李某提出了优越的"条件"。于是三人凑了5万元钱，准备设立一家合伙企业。合伙企业协议中约定，由李某出资 3 万元，王某出资 1.5 万元，张某出资 5000 元。并约定利润分配按照李某分得 60%，王某分得 25%，张某分得 15% 的比例计算；亏损全部由李某一人承担。李某、王某、张某这样的约定是否合法？

合伙企业的一个重要的特征是共享收益、共担风险，因此每一个合伙人无论出资多少，也无论出资为何种形式，都有参加利润分配的权利，也有承受亏损分担的义务。没有正当理由而剥夺某一个或者部分合伙人参加利润分配的权利是一种严重的违法行为；反过来使某一个或者部分合伙人承担全部亏损的合伙协议同样是无效的。所以，合伙协议不得约定将全部的利润分配给部分合伙人或者由部分合伙人承担全部亏损，这是法律的强制性规范。将全部利润分配给部分合伙人或者由部分合伙人承担全部亏损，实质是侵犯其他合伙人合法权益的行为，被排除在利润分配范围之外的合伙人是有权请求返还利润的，同样部分承担了全部亏损的合伙人也有权要求全体合伙人共担亏损。《合伙企业法》第 33 条第 2 款规定：“合伙协议不得约定将全部利润分配给部分合伙人或者由部分合伙人承担全部亏损。”这是合伙这种法律制度的应有含义，当事人或者合伙人是不能任意更改的。

本案中，李某、王某与张某的约定由于不符合《合伙企业法》第 33 条的规定而无效。具体来说，这一合伙协议中关于利润分配的约定是合法的，关于亏损分担的约定则是违法无效的。

五、入伙和退伙

1 入伙人与退伙人对合伙企业的债务如何承担责任？

1998年1月，甲乙丙共同设立一家合伙企业，合伙协议约定，甲以现金人民币5万元出资，乙以房屋作价人民币8万元出资，丙以劳务作价人民币4万元出资；各合伙人按相同比例分配赢利、分担亏损。合伙企业成立后，为扩大经营，于1998年6月向银行贷款人民币5万元，期限为1年。1998年8月，甲提出退伙。鉴于当时合伙企业赢利，乙丙表示同意。同月，甲办理了退伙结算手续。1998年9月丁入伙。丁入伙后，因经营环境变化，企业严重亏损。1999年5月，乙丙丁决定解散合伙企业，并将合伙企业现有财产价值人民币3万元予以分配，但对未到期的银行贷款未予清偿。1999年6月，银行贷款到期后，银行找合伙企业清偿债务，发现该企业已经解散，遂向甲要求偿还全部贷款，甲称自己早已退伙，不负责清偿债务。银行向丁要求偿还全部贷款，丁称该笔贷款是在自己入伙前发生的，不负责清偿。银行向乙要求偿还全部贷款，乙表示只按照合伙协议约定的比例清偿相应数额，银行向丙要求偿还全部贷款，丙则表示自己是以劳务出资的，不承担偿还贷款义务。这一案例可以引出如下问题：(1) 甲乙丙丁各自的主张能否成立？(2) 合伙企业所欠银行贷款应如何清偿？(3) 在银行贷款清偿后，甲乙丙丁内部之间应如何分担清偿责任？

本案中涉及入伙人与退伙人对合伙企业债务的承担，在实践中一般有如下回答：

(1) 甲的主张不能成立。根据《合伙企业法》第53条的规定，退伙人对其退伙前已发生的债务与其他合伙人承担无限连带责任，故甲对其退伙前发生的银行贷款应负连带清偿责任。

乙的主张不能成立。根据《合伙企业法》的规定，合伙人之间对债务承担份额的约定对债权人没有约束力，故乙提出应按约定比例清偿债务的主张不能成立，他应对银行贷款承担连带清偿责任。

丙的主张也不能成立。根据《合伙企业法》的规定，以劳务出资成为合伙人，也应承担合伙人的法律责任。故丙也应对银行贷款承担连带清偿责任。

丁的主张不能成立。根据《合伙企业法》第44条的规定，入伙的新合伙人对入伙前合伙企业的债务承担无限连带责任，故丁对其入伙前发生的银行贷款应负连带清偿责任。

(2) 根据《合伙企业法》第38条、第39条的规定，合伙企业所欠银行贷款首先应用合伙企业的财产清偿，合伙企业财产不足清偿时，由各合伙人承担无限连带责任。乙丙丁在合伙企业解散时，未清偿债务便分配财产，是违法的，应全部退还已分得的财产；退还的财产应首先用于清偿银行贷款，不足清偿的部分，由甲乙丙丁承担无限连带清偿责任。

(3) 根据《合伙企业法》的规定，合伙企业各合伙人在其内部是依合伙协议约定承担按份责任的。据此，甲因已办理退伙结算手续，结清了对合伙企业的财产债务关系，故不再承担内部清偿份额，如在银行的要求下承担了对外部债务的连带清偿责任，则可向乙丙丁应按合伙协议的约定分担清偿责任。如乙丙丁任何一人实际支付的清偿数额超过其应承担的份额时，有权应其超过的部分，向其他未支付或未足额支付应承担份额的合伙人追偿。

2 退伙协议的效力如何？

1998 年 3 月 25 日，李明与尚辉协商合伙办一个小型制砖厂。合伙协议约定：李明出资 2500 元，负责办理土地、场地使用手续和工商登记手续，并承担该手续费用；尚辉提供制造设备，负责技术问题和其余资金；赢利或亏损由双方平均分配或负担。合伙期间，双方因管理的问题及李明没有办理登记手续而发生纠纷，因此，李明申请退伙，并在村领导及双方亲友的参加下，于 1998 年 6 月 24 日订立退伙协议。协议约定：

第一，尚辉在 1998 年 7 月 24 日之前退还李明投资款及投入物资折价款；

第二，在 1998 年 10 月 1 日前给付李明工资款 500 元；

第三，1999 年 6 月 1 日前给付李明工资款 500 元；

第四，合伙期间的债权、债务按照合伙协议的约定履行，各承担一半。双方对合伙期间的债务未进行清算。

第一次付款到期后，尚辉以没有偿还能力为由推托。为此，1998 年 9 月 19 日李明向人民法院起诉。李明认为：“砖厂投产后，双方因工作、管理产生矛盾，合作无法继续进行，于是我提出退伙申请，双方也就退伙的有关事项于 1998 年 6

月24日达成退伙协议。协议约定投资款于退伙后一个月内退还，三个月的工资款1000元分两期给付。双方达成的协议是合法有效的，应严格遵守，现尚辉以没钱为由，拖延不予支付，侵害了我的合法权益。”

尚辉认为：“我同意退还李明2500元的投资款，但因现在没钱还，只能用红砖来抵偿，李明却不要，我也没办法。李明要求给付三个月工资1000元，我不能支付，原因在于我们合伙建砖厂时达成协议，由李明去办理土地、场地和其他工商登记手续。当初李明说只用七八天就可以办完，可是李明看到亏损，就违反协议，没有办理工商登记，并要求退伙，无奈我只好同意退伙。由于手续没有办理完毕，致使我受到国土局、工商局的罚款600元，自已办理手续花去400元，这些损失是因为李明的违约造成的。而且三个月来，李明也没为砖厂做任何工作，因此，不但不应给李明三个月工资，李明还应支付我违约金1500元。”

本案是退伙引起的纠纷。法律规定合伙人退伙时分割的合同财产，应当包括合伙时投入的财产和合伙期间积累的财产，以及合伙期间的债权和债务。入伙的原物原则上应予退还，一次清退有困难的可以分批分期退还；退还原物有困难的，可以折价处理。全体合伙人对合伙经营的亏损，对外负连带责任，对内按协议约定或出资比例分担；但对合伙亏损有过错的合伙人应当根据其过错的程度相应地多承担责任。

《合同法》贯彻“意思自治”原则，在不违反法律强制性规定下，当事人具有完全的意思自由，双方协议受到法律保护。李明提出退伙后，于1998年6月24日与尚辉在平等自愿的基础上达成退伙协议，协议的内容合法，没有违反国家的强制性法律规定，是一份具有法律效力的协议，对双方都有约束力，应严格遵守。双方已经在退伙协议的第二、第三项中明确：尚辉分两次向李明支付工资款1000元，因此，尚辉应按约定履行，向李明支付1000元的工资。

3 新合伙人入伙时，没有经过全体合伙人的一致同意，是否可以？

1999年8月，甲乙丙三人设立了一家合伙企业。在合伙企业成立后，由于甲乙丙三人对业务的具体开展情况均不了解，于是三人打算吸收其他合伙人入伙，以便扩大企业的业务范围和规模。在经过朋友的介绍和引见后，甲认识了丁，丁在该业务领域工作多年，业务开拓能力较强，于是甲在和丁谈判后，欲吸收丁加入合伙企业。于是甲将此想法告诉了乙，乙同意甲的提议，这时乙提出是否也得经过丙的同意，但是甲认为，丙的出资只占合伙企业注册资本的5%，经不经过丙同意无所谓，于是在没有经过丙同意的前提下，甲乙以合伙企业的名义吸收了丁作为合伙人，丙得知以上事实后，认为甲乙的行为严重侵犯了自己的权利，于是将甲乙告上法庭，要求确认甲乙任意让丁入伙的行为无效。

入伙，是指在合伙企业（合伙关系）存续期间，合伙人以外的第三人加入合伙企业并取得合伙人的地位、身份的法律行为。合伙企业是典型的人合企业。合伙企业存续的信用基础是各合伙人的能力、财力、声望、信誉等，以及各合伙人之间的相互信赖关系。合伙人在合伙企业存续期间，共同投资、合伙经营、共享收益、共担风险，彼此间形成了利益休戚相关的命运共同体。合伙企业的人合特征及其承担责任的无限连带特征，使各合伙人对合伙企业的生产经营活动以及其他重大事宜具有平等的参与权和决策权。合伙企业接纳新的合伙人入伙，涉及合伙企业的合伙出资比例、盈余分配比例、债务分担比例等事项的变动，需要对原有的合伙协议进行重大变更，因此，新合伙人入伙，必须取得原全体合伙人的一致同意。每一个合伙人都有权基于原有的合伙协议，对是否接纳他人入伙作出同意或反对的意思表示。但是，拒绝接纳他人入伙却不需要全体合伙人一致的否决意见，只要合伙企业中有一人表示反对，就可阻止新合伙人的加入。因此，经过全体合伙人一致同意，是新合伙人入伙的实质性要件。《合伙企业法》第 43 条规定："新合伙人入伙，除合伙协议另有约定外，应当经全体合伙人一致同意……"

本案中，虽然丙的出资只占合伙企业注册资本的5%，但是丙仍然是合伙人，享有对合伙企业事物的决策权和参与权，甲乙的行为实质上构成了对丙权利的侵害和剥夺，是不符合《合伙企业法》的实质和初衷的，因此，甲乙的行为是无效的，丙的主张是正确的，应得到法庭的支持。

4 新合伙人入伙时，没有订立书面入伙协议，入伙行为是否有效?

2001 年 4 月，王某作为"上盛"合伙企业的事务执行人，打算吸收一个新的合伙人加入合伙企业，以便加强合伙企业的内部管理，从而扩大企业的生产经营规模。在合伙人全体大会上，王某将这一想法公诸于众，得到全体合伙人的一致认可，于是王某代表合伙企业决定吸收李某作为新的合伙人加入合伙企业，并将办理加入手续的工作交给了另一合伙人张某去具体办理。张某接到这一任务后，及时与新合伙人李某取得了联系，并草拟了一份书面的入伙协议，规定了各个合伙人的新的出资比例、盈余分配比例等内容，但是该入伙协议并没有经过合伙人的签字，张某也没有去当地的工商部门办理合伙企业的合伙人变更登记，那么，李某加入合伙企业的行为是否有效呢？

入伙协议是新合伙人与原合伙人在平等自愿的基础上，就新合伙人的入伙问题以及入伙后的权利义务问题所达成的协议。合伙企业新合伙人的入伙与公司企业新股东的加入不同。合伙协议是他人取得合伙人资格的基础。也就是说，他人若想成为合伙人，就必须与原合伙人签订入伙协议，就入伙的条件以及合伙后的权利义务等问题达成一致意见。合伙协议是他人取得合伙人资格的法律文件。入伙协议应当包括哪些具体内容，法律未作具体规定，而是由新合伙人和原合伙人协商确定。一般来说，应包括以下主要内容：入伙的条件、程序、方式及时间，入伙后的出资比例，盈余分配比例，债务分配比例等。入伙协议需要采取书面形式，这样可以减少合伙纠纷，也容易进行举证，体现了立法的安全价值。《合伙企业法》第 43 条第 1 款规定："新合伙人入伙，除合伙协议另有约定外，应当经全体合伙人一致同意，并依法订立书面入伙协议。"

本案中，合伙人张某虽然草拟了入伙协议，但始终因为没有签字而不生效力，而且李某加入合伙企业的事实也没有得到工商部门的认可，因此，李某还不是合法的合伙人。

5 入伙协议约定新合伙人与原合伙人享有不同的权利，是否可以？

2000 年 5 月，"盛节"合伙企业打算吸收一位新的合伙人加入合伙企业，于是召开全体合伙人大会，在会议上，合伙事务执行人向全体合伙人宣告了合伙企业打算吸收新的合伙人入伙的意向，得到了全体合伙人的认可。按照会议的安排，新合伙人与原合伙人签订了入伙协议，但是入伙协议约定了新合伙人与原合伙人享有的权利是不同的，这样的约定是否合法？

我国法律规定，入伙人经全体合伙人同意，并签订书面入伙协议后就成为正式的合伙人。除合伙协议另有约定外，入伙的新合伙人与原合伙人享有同等的权利。同等权利包括哪些？因《合伙企业法》未对原合伙人的权利内容作出明确规定，新合伙人的同等权利范围也就难以具体界定。一般来说，原合伙人的权利主要包括：合伙企业对外代表权、合伙企业事务执行权（执行异议权、执行监督权）、合伙企业事务知悉权、合伙企业账簿查询权等。从义务的角度来看，除入伙协议另有约定外，入伙的新合伙人与原合伙人一样，其对合伙企业的主要义务包括：认缴出资、合伙企业事务执行、合伙企业竞业禁止、合伙企业亏损分担等。从责任的角度来看，除入伙协议另有约定外，入伙的新合伙人对合伙企业债务承担无限连带责任。也就是说，入伙的新合伙人与原合伙人享有同等权利，承担同等责任。这是权利义务相一致原则在合伙企业事务中的具体表现。但是如果合伙协议另有约定的，应该从其约定。因为，入伙协议是合伙人之间平等自愿达成的结果，法律应遵守当事人的选择。《合伙企业法》第 44 条第 1 款规定："入伙的新合伙人与原合伙人享有同等权利，承担同等责任。入伙协议另有约定的，从其约定。"

本案中，入伙协议中对原合伙人与新合伙人规定了不同的权利，只要不违反法律的强制性规定，就是合法有效的，符合

《合伙企业法》的精神。

6 订立入伙协议时，原合伙人是否应当告知该合伙企业的经营状况和财务状况？

1999 年 9 月，王大力、张丰奇、曹刚三人设立了一家合伙企业。合伙企业成立后，由于资金运转上的问题，合伙企业一时筹措不到资金。于是，三人打算吸收一合伙人入伙，以弥补资金不足的缺憾。于是，三人到处打听，哪些人愿意出资，加入合伙企业。经人介绍，三人认识了李小明，李小明愿意加入合伙企业，并且同意提供 5 万元资金作为出资。于是，李小明与三个原合伙人订立了入伙协议。在入伙协议中，合伙人约定了合伙企业的出资比例、合伙人的盈余分配比例、合伙企业的事务执行等情况，但原合伙人并没有告知李小明合伙企业的经营状况和财务状况。原合伙人的做法是否正确？

合伙企业是典型的人合企业，各合伙人彼此间具有充分的人身依赖关系。当新合伙人加入合伙企业，订立入伙协议时，原合伙人应当向新合伙人履行告知义务。订立入伙协议时，原合伙人的告知义务一般来说，主要涉及两个方面：一是告知的内容。主要是原企业的经营状况，是指合伙企业的投资、生产、供应、销售、收入、利润等情况。二是告知的程序。即原合伙人应当“充分”履行告知义务。至于何为“充分”，应当是能够使一般人得以足够了解的程度。原合伙人为什么必须履行如实告知的义务呢？这是因为合伙企业的经营状况和财务状况直接关系到每个合伙人的切身利益，是每个合伙人应该知晓和了解的。这也是合伙人应该享有的权利。如果原合伙人不将合伙企业的财务状况和经营状况告知新合伙人，那么新合伙人有权不对合伙企业的原债务承担连带责任。《合伙企业法》第43条第2款规定："订立入伙协议时，原合伙人应当向新合伙人如实告知原合伙企业的经营状况和财务状况。"

本案中，原合伙人没有将合伙企业的财务状况与经营状况告知新合伙人，是违背《合伙企业法》的。

7 入伙的新合伙人对入伙前合伙企业的债务是否承担责任？

2002年8月，张某加入了"卓越"合伙企业。张某作为新的合伙人，在加入合伙企业时，与原合伙人订立了入伙协议，入伙协议中约定张某应对合伙企业的债务承担连带责任，但是没有具体明确合伙企业的债务是否包括入伙前的合伙企业债务。张某加入后，合伙企业运转正常，但是有一天李某却拿出一份某合伙人以"卓越"合伙企业名义与李某签订的购销合同，合同中约定合伙企业欠李某货款5万元，现债务履行期已满，李某要求合伙人承担连带责任，于是原合伙人打算用合伙企业的财产偿还债务，当然包括张某加入合伙企业的出资。但是张某对此却持异议，认为虽然合伙企业向其告知了合伙企业存在的这笔债务，但是入伙协议中却没有明确指出新的合伙人需要对入伙前的债务承担连带责任，入伙协议中没有写明的，原合伙人不能要求新合伙人承担连带责任，并且，自己加入合伙企业、向合伙企业出资的目的是为了更好地经营合伙企业，不是为了偿还合伙企业的债务。于是，张某向法院起诉了原合伙人。

入伙的新合伙人加入合伙企业后，就成为合伙企业的构成分子，与其他合伙人一样对合伙企业享有权利、承担责任。合伙企业的生产经营活动需要一个积累过程，新合伙人对入伙后的合伙企业的财产享有权利，就应当对入伙前的合伙企业的债务承担连带责任。这也是权利义务相一致原则在合伙企业事务中的具体体现。《合伙企业法》第44条第2款规定："新合伙人对入伙前合伙企业的债务承担无限连带责任。"

本案中，张某虽然是新的合伙人，但是张某加入合伙企业的行为已经充分说明张某不仅应该享有合伙企业的权利，同时也应履行合伙企业的义务。而张某入伙前已存在的合伙企业的债务就属于张某应该承担责任的范围，张某及任何合伙人不能拒绝就该债务承担责任。因此，张某的认识是错误的，不能得到人民法院的认可。

8 合伙人患有严重疾病是否可以成为合伙人退伙的理由？

2000年3月，甲乙丙三人设立了一家合伙企业。合伙企业成立后，选举甲为合伙企业的事务执行人，具体负责合伙企业的日常运营。2002年7月，甲被诊断患有恶性脑瘤，致使甲一度不能执行合伙企业的事务，于是乙丙提议合伙企业应聘任新的事务执行人。同时甲的家属也提出由于甲患有严重疾病，不能执行合伙企业事务，故向合伙企业申请甲退伙。那么甲是否可以退伙呢？

《合伙企业法》第45条规定："合伙协议约定合伙期限的，在合伙企业存续期间，有下列情形之一的，合伙人可以退伙：（一）合伙协议约定的退伙事由出现；（二）经全体合伙人一致同意；（三）发生合伙人难以继续参加合伙的事由；（四）其他合伙人严重违反合伙协议约定的义务。"其中，合伙人可以退伙的第三个理由为：发生合伙人难于继续参加合伙企业的事由。合伙人患有严重疾病的应该属于合伙人难于继续参加合伙企业事务的情形。

本案中，甲患有严重疾病，导致他不能继续参加合伙企业，更不能执行合伙企业的事务，因此，按照法律的规定，甲可以退伙。

9 某一合伙人严重违反合伙协议约定的义务，其他合伙人是否可以退伙？

2001 年 9 月，赵某、邢某与李某设立了一家合伙企业，从事机器零配件的生产经营活动。合伙企业成立后，赵某代表合伙企业与上海、北京等原材料供应厂家进行了多次合作，购买了很多零配件原材料。2001 年 12 月，赵某去广东出差购置原材料，但是在与厂家签订购销合同时，赵某签订了标的额为 30 万元的合同。而合伙协议中约定，合伙企业的业务执行人只能签订标的额不超过 10 万元的合同，因此，赵某严重违反了合伙协议的规定。邢某与李某得知以上事实后，均不承认该合同的效力，其中邢某还提出了退伙的要求，邢某的要求是否能得到法律的支持呢？

合伙企业的存续是建立在完全的人身信赖基础上的，也就是说，人身依赖关系是合伙企业存续的基础。当其他合伙人严重违反合伙协议约定的义务，如严重违反合伙企业事务执行规定，严重违反竞业禁止的规定等，使其他合伙人的利益受到损害时，合伙人可以退伙。《合伙企业法》第 45 条规定："合伙协议约定合伙期限的，在合伙企业存续期间，有下列情形之一的，合伙人可以退伙：（一）合伙协议约定的退伙事由出现；

（二）经全体合伙人一致同意；（三）发生合伙人难以继续参加合伙的事由；（四）其他合伙人严重违反合伙协议约定的义务。”其中，第四项规定了“合伙人严重违反合伙协议约定的义务”这一情形。

本案中，赵某擅自签订标的额为 30 万元的合同，这一行为已严重违反合伙协议约定的义务，因此，其他合伙人可以提出退伙的要求。但是至于赵某代表合伙企业签订的合同是否构成无效，须视第三人是否不知情而定，如果第三人认为赵某是有权代表合伙企业的行为，那么该合同就是有效的，合伙企业应当履行，当然邢某与李某都可以提出退伙的要求，这是法律允许的。

10 合伙人是否可以以合伙协议未约定合伙企业的经营期限为由要求退伙？

2000 年 9 月，甲乙丙丁戊五人设立了一家合伙企业。合伙协议约定了合伙人的出资情况、出资比例、企业的业务范围等事项，但是并没有约定合伙企业的经营期限。合伙企业成立后，业务范围开展得不顺利，于是甲乙二人打算退出合伙企业，他们认为合伙协议中并没有约定合伙企业的经营期限，因此，合伙人可以随时退伙；但是丙丁戊认为，虽然合伙协议中没有约定合伙企业的经营期限，但是因为甲乙是合伙企业的事务执行人，如果甲乙在这个时候退出合伙企业，必然会给合伙企业带来一定的损失，于是甲乙将丙丁戊告上法庭。

合伙协议可以约定合伙企业的经营期限，也可以不约定合伙企业的经营期限。合伙人未约定合伙企业经营期限的，合伙人可以随时退伙。这是总的原则。立法之所以允许合伙人可以随时退伙，最基本的原因还是合伙企业的人合性因素。人身信赖关系存在，则合伙企业存续。人身依赖关系消失，则合伙企业不复存在。合伙协议未约定合伙企业的经营期限，并不等于各合伙人对该合伙企业的人身依赖关系没有期限。合伙企业是合伙人牟利的工具和手段。当这种工具和手段不能或者不适合合伙人牟利时，法律允许合伙人根据主客观情况的变化来决定是否退伙，这也是对合伙人意思自治的尊重。当然，任何自由的行为都是相对的，在合伙协议未约定合伙企业经营期限的情况下，合伙人退伙并不是随心所欲的，它必须符合一定的条件和程序。合伙人退伙必须符合一个条件，即不给合伙企业事务执行造成不利影响。这是退伙的实质性条件。也就是说，如果合伙人的退伙给合伙企业造成了不利的影响，那么合伙人是不可以随时退伙的。《合伙企业法》第46条规定："合伙协议未约定合伙期限的，合伙人在不给合伙企业事务执行造成不利影响的情况下，可以退伙，但应当提前三十日通知其他合伙人。"

本案中，由于甲乙是合伙企业的业务执行人，其退出合伙企业的行为对合伙企业的影响非常之大，是不能随时、随意退伙的。

11 合伙协议未约定合伙企业的经营期限的，合伙人是否可以随时退伙？

1998年8月，甲乙丙三人设立了一家合伙企业，合伙协议中没有约定合伙企业的存续期限。合伙企业成立后，丙由于家庭住址的迁移，故想退出合伙企业。于是，丙将退出合伙企业的想法在全体合伙人大会上提出，丙的理由是合同协议中没有约定合伙企业的存续期限。甲乙认为，虽然合伙协议中没有约定合伙企业的存续期限，但是丙不能随时退伙，按照我国法律的规定，丙应该履行提前 30 天通知其他合伙人的义务。那么甲乙与丙谁的说法正确呢？

合伙企业未约定经营期限的，合伙人要求退伙必须满足另外一个条件：即应当提前 30 日通知其他合伙人。这是退伙的程序性条件。合伙企业的特征表明，合伙人的退伙或多或少要对合伙企业的生产经营活动产生一定的影响。立法规定合伙人退伙应当提前通知其他合伙人，主要是基于以下因素考虑：一是以便其他合伙人能够及时就合伙企业继续存续的事宜作出安排。合伙人退伙后，其他合伙人需要就合伙事务执行、是否吸纳新合伙人以及利润分享、债务分担等事宜作出安排。二是以便合伙企业能够就合伙人的退伙问题作出安排。合伙人退伙时，需要就合伙企业的利润、债权、债务等问题与退伙人根据合伙协议进行处理。《合伙企业法》第 46 条规定：“合伙协议未约定合伙期限的，合伙人在不给合伙企业事务执行造成不利影响的情况下，可以退伙，但应当提前三十日通知其他合伙人。”

本案中，丙作为合伙人可以在合伙协议未约定合伙企业经营期限的前提下提出退出合伙企业，但是丙应该履行一定的通知义务，不能随意退伙。合伙人在合伙协议没有约定合伙企业存续期限的前提下，可以提出退伙，但是必须满足两个条件：一是不给合伙企业造成不利影响；二是必须提前 30 天通知其他合伙人，二者缺一不可。本案中，丙的退伙不会给合伙企业造成损害，但是必须提前 30 天通知其他合伙人，这是个必备条件。

12 合伙人死亡的，是否当然退伙？

当然退伙，又称法定退伙，是基于非合伙人的自愿而因法律明确规定的事由而退伙。合伙企业是人合组织，人身依赖关系是合伙企业存续的基础。人身关系和财产关系的重要区别在于其专属性，即人身权具有不可让渡性、不可替代性、不可继承性、不可限制性、不可剥夺性。合伙人死亡后，其权利能力和行为能力已经终止，其作为合伙人的身份也随之消失，合伙人只能退伙。这是因为，合伙人是合伙企业构成的三大要素之一，由于人身权利的不可继承性，合伙人死亡后，除依照合伙协议的约定或者经全体合伙人同意外，其继承人只能继承其在合伙企业中的财产权利，而不能继承其在合伙企业中的人身权利，因此，其继承人也就不能继承合伙人的“合伙人”地位和身份。依据现行民法，死亡分为自然死亡和宣告死亡。自然死亡，又称生理死亡、绝对死亡，是指自然人生命的结束，属于自然事件。自然死亡可以由于许多原因发生，如病故、意外事故、被人杀害等。民事权利制度并不关注自然死亡的原因，它仅关注的是自然死亡的事实认定和法律后果。不管死亡的原因如何千差万别，但其民事法律后果都一样，都是合伙人的民事权利终止，都是合伙人当然退伙。宣告死亡，是指下落不明满一定期限的自然人，经其利害关系人的申请，由人民法院依照法律规定的条件和程序，判决宣告的死亡。宣告死亡与自然死亡所产生的法律后果相同，均可使合伙人当然退伙。《合伙企业法》第48条规定：“合伙人有下列情形之一的，当然退伙：（一）作为合伙人的自然人死亡或者被依法宣告死亡；（二）个人丧失偿债能力；（三）作为合伙人的法人或者其他组织依法被吊销营业执照、责令关闭撤销，或者被宣告破产；

（四）法律规定或者合伙协议约定合伙人必须具有相关资格而丧失该资格；（五）合伙人在合伙企业中的全部财产份额被人民法院强制执行。合伙人被依法认定为无民事行为能力人或者限制民事行为能力人的，经其他合伙人一致同意，可以依法转为有限合伙人，普通合伙企业依法转为有限合伙企业。其他合伙人未能一致同意的，该无民事行为能力或者限制民事行为能力的合伙人退伙。”合伙人死亡的，当然退伙。

13 合伙人被宣告为无民事行为能力人，是否当然退伙？

2000 年 9 月，张三、李四与刘五设立了一家合伙企业，主要从事农副产品的批发与零售。合伙协议就合伙人入伙和退伙进行了约定，但是没有明确约定何种情形出现时，合伙人可以退伙或者当然退伙。合伙企业成立后，张三作为合伙企业的业务执行人，为开拓业务做了很多工作。2001 年 5 月，该合伙企业已经成为当地小有名气的企业，业务网点遍布全市很多地方。但是 2001 年 8 月，张三被医院诊断为患有严重的精神分裂症，张三患病后，合伙企业的业务停滞不前，于是李四与刘五商议宣告张三为无民事行为能力人，在经过其家人同意后，人民法院宣告张三为无民事行为能力人，张三退出了该合伙企业。

《合伙企业法》第 14 条规定：“……合伙人为自然人的，应当具有完全民事行为能力……”当合伙人被依法宣告为无民事行为能力人时，合伙人也就失去了其作为合伙人所必不可少的民事行为能力，合伙人也就无法实现其在原合伙协议中为自己设定的权利和义务，合伙企业当然就不能继续保留其合伙人资格，该合伙人也就当然退伙。《合伙企业法》第48条规定：“合伙人有下列情形之一的，当然退伙：（一）作为合伙人的自然人死亡或者被依法宣告死亡；（二）个人丧失偿债能力；（三）作为合伙人的法人或者其他组织依法被吊销营业执照、责令关闭撤销，或者被宣告破产；（四）法律规定或者合伙协议约定合伙人必须具有相关资格而丧失该资格；（五）合伙人在合伙企业中的全部财产份额被人民法院强制执行。合伙人被依法认定为无民事行为能力人或者限制民事行为能力人的，经其他合伙人一致同意，可以依法转为有限合伙人，普通合伙企业依法转为有限合伙企业。其他合伙人未能一致同意的，该无民事行为能力或者限制民事行为能力的合伙人退伙。”

本案中，张三被人民法院宣告为无民事行为能力人，已经不能履行作为合伙企业事务执行人的任何义务，按照《合伙企业法》的规定，张三已满足当然退伙的条件。

14 某个合伙人不能履行个人债务时，合伙企业应如何对待该合伙人？

2002年11月，甲乙丙丁四人设立了一家合伙企业，主要从事冬季日常消费品的运输业务。合伙企业成立后，一切运转正常。但是四个合伙人中，乙的家境一直不好，依靠亲戚朋友接济的时候较多。2003年春节来临之际，乙又向其亲戚张某借了2000元过节费，但是春节过后，乙还是没有钱还债，虽然合伙企业已经分了红利，但是乙好赌成性，将刚刚分来的钱又挥霍出去了，致使其欠张某的钱一直不能按期偿还。合伙人甲丙丁得知以上事实后，向乙提出：按照中国法律，乙已构成当然退伙事实，应该退伙，乙认为甲丙丁的说法不正确，是对其权利的剥夺，因此，向人民法院起诉，提出继续享有合伙人的权利的主张。

由于合伙人对合伙企业债务承担无限连带责任，当合伙人丧失偿债能力时，对其他合伙人来讲，意味着增加了其他合伙人的债务负担，合伙企业的“共担风险”特征不复存在。对合伙企业的债务人来说，意味着合伙企业的债权人的债务担保人数相对减少，合伙企业的债务风险系数相对增大。为切实保障其他合伙人和合伙企业债权人的权益，《合伙企业法》第 48 条规定：“合伙人有下列情形之一的，当然退伙：（一）作为合伙人的自然人死亡或者被依法宣告死亡；（二）个人丧失偿债能力；（三）作为合伙人的法人或者其他组织依法被吊销营业执照、责令关闭撤销，或者被宣告破产；（四）法律规定或者合伙协议约定合伙人必须具有相关资格而丧失该资格；（五）合伙人在合伙企业中的全部财产份额被人民法院强制执行。合伙人被依法认定为无民事行为能力人或者限制民事行为能力人的，经其他合伙人一致同意，可以依法转为有限合伙人，普通合伙企业依法转为有限合伙企业。其他合伙人未能一致同意的，该无民事行为能力或者限制民事行为能力的合伙人退伙。”

本案中，乙的行为已构成“个人丧失偿债能力”，符合《合伙企业法》的相关规定，应属于当然退伙。

15 合伙人的财产被人民法院强制执行，该合伙人是否当然退伙？

1999 年 4 月，陈某、杨某与李某设立了一家合伙企业。合伙企业成立后，李某又向甲乙二人借了 5 万元，从事个体生产经营，借款期为1年。2000年3月底，李某欠甲乙二人的债务还款期已届满，但是李某没能及时偿还，于是甲乙将李某告上法庭，法院判决李某偿还甲乙二人的5万元债权。但是由于李某没有其他财产可供执行，只有在合伙企业中的份额。于是，人民法院强制执行了李某在合伙企业中的财产份额。

合伙企业虽是人合企业，但合伙人必须对合伙企业出资。资本是合伙企业存续的三大要素之一。当合伙人在合伙企业中的全部财产份额被人民法院强制执行时，表明合伙人在合伙企业中存续的基础已经丧失。我国《合伙企业法》与其他国家、地区的“合伙法”不同，合伙人的出资方式仅限于货币、实物、土地使用权、知识产权、其他财产权利或劳务，而不包括技术、能力、信誉等。所以，当合伙人在合伙企业中的全部财产份额被人民法院强制执行后，合伙人在合伙企业中的财产份额便不复存在，合伙人在合伙企业中为自己设定的权利与义务的基础也就不复存在，该合伙人也就只能退伙。《合伙企业法》第48条规定：“合伙人有下列情形之一的，当然退伙：（一）作为合伙人的自然人死亡或者被依法宣告死亡；（二）个人丧失偿债能力；（三）作为合伙人的法人或者其他组织依法被吊销营业执照、责令关闭撤销，或者被宣告破产；（四）法律规定或者合伙协议约定合伙人必须具有相关资格而丧失该资格；（五）合伙人在合伙企业中的全部财产份额被人民法院强制执行。合伙人被依法认定为无民事行为能力人或者限制民事行为能力人的，经其他合伙人一致同意，可以依法转为有限合伙人，普通合伙企业依法转为有限合伙企业。其他合伙人未能一致同意的，该无民事行为能力或者限制民事行为能力的合伙人退伙。”

本案中，因为李某在合伙企业中的财产份额也是李某财产的一部分，因此，人民法院可以强制执行李某在合伙企业中的财产份额。由此产生的后果，就是李某当然退伙。

16 合伙人身体残疾的，是否当然退伙？

2002 年 8 月，甲乙丙三人刚刚大学毕业，但是三人都没有去就业市场上找工作，而是在不断寻找创业的机会。2002 年 9 月，三人打算成立一家合伙企业，从事行业咨询服务。合伙企业成立后，甲乙丙三人为了业务的开展，经常出差，寻找合作伙伴。2003 年 1 月，丙在去广州的高速路上出了车祸，丙当场感到下肢无力，后被医院诊断为双下肢粉碎性骨折，不得不截肢。丙残疾后，合伙企业的业务开展一度受到严重的阻碍，于是甲乙提出丙已构成当然退伙的条件，应该做退伙处理；而丙认为，《合伙企业法》并没有对合伙人患病是否构成当然退伙作出明确的规定，因此，不同意作当然退伙处理。

《合伙企业法》第 45 条规定："合伙协议约定合伙期限的，在合伙企业存续期间，有下列情形之一的，合伙人可以退伙：（一）合伙协议约定的退伙事由出现；（二）经全体合伙人一致同意；（三）发生合伙人难以继续参加合伙的事由；（四）其他合伙人严重违反合伙协议约定的义务。"第 48 条规定："合伙人有下列情形之一的，当然退伙：（一）作为合伙人的自然人死亡或者被依法宣告死亡；（二）个人丧失偿债能力；（三）作为合伙人的法人或者其他组织依法被吊销营业执照、责令关闭撤销，或者被宣告破产；（四）法律规定或者合伙协议约定合伙人必须具有相关资格而丧失该资格；（五）合伙人在合伙企业中的全部财产份额被人民法院强制执行。合伙人被依法认定为无民事行为能力人或者限制民事行为能力人的，经其他合伙人一致同意，可以依法转为有限合伙人，普通合伙企业依法转为有限合伙企业。其他合伙人未能一致同意的，该无民事行为能力或者限制民事行为能力的合伙人退伙。”

对本案中丙患病这种情况，《合伙企业法》中没有明确的规定，但是从第45条中可以看出，丙的这种情况可以适用“合伙人可以退伙”的规定，但是并不构成当然退伙。

17 合伙人道德品质差，是否可以作为当然退伙的理由？

2001年6月，张某、常某与朱某设立了一家合伙企业。合伙企业成立后，张某、常某一致选任朱某为合伙企业的事务执行人。朱某在担任了合伙企业事务执行人后，虽然为合伙企业做了很多必需的工作，但是因为他个人道德水平很低，经常在一人面前说另一人的坏话，还恶意诋毁其他合伙企业的名誉，导致被诋毁的合伙企业将朱某和朱某所在的合伙企业告上了法庭，朱某被判赔礼道歉。张某与常某认为，朱某的为人道德品质太差，不适宜继续担任合伙企业的事务执行人，因此，张某与常某商议后决定将朱某从合伙企业中除名。朱某在得知以上事实后，不同意张某与常某的决定，认为自己的行为没有给合伙企业造成损害，其他合伙人不能将自己从合伙企业中除名。

合伙企业为各合伙人共同投资、合伙经营、共享收益、共担风险的营利性组织。合伙人在执行合伙企业事务时有不正当行为，如因私利违背竞业禁止义务，说明该合伙人违背合伙人之间的相互信赖，彼此忠诚义务，其他合伙人在其利益受到损害时，当然可以决议将该合伙人除名。如果合伙协议对此有约定的，也应遵循合伙协议的约定。因为合伙协议是合伙人意思表示一致的产物，合伙人在不违背法律的情况下，可以通过合伙协议约定合伙企业合伙人的行为规则以及合伙人的除名事由。当这些除名事由出现时，合伙人可以按照合伙协议，将有关合伙人予以除名。《合伙企业法》第 49 条第 1 款规定："合伙人有下列情形之一的，经其他合伙人一致同意，可以决议将其除名：（一）未履行出资义务；（二）因故意或者重大过失给合伙企业造成损失；（三）执行合伙事务时有不正当行为；（四）发生合伙协议约定的事由。"

本案中，朱某作为合伙企业的事务执行人，本应该尽心尽力地为合伙企业的业务开展作出更大的贡献，但是朱某不但没有正当地为合伙企业执行业务，而且还恶意诋毁其他合伙企业，致使自己所在的合伙企业被其他合伙企业告上法庭，朱某的行为本身已不仅仅是道德的问题，已经触犯了法律，可以列入"不正当行为"的范围。法律允许其他合伙人将其除名。但是如果朱某仅仅存在道德问题，那么仅凭这一点合伙企业确实不能将其除名，因为，《合伙企业法》第 49 条并没有规定合伙人道德品质差应该成为其被除名的理由。

18 合伙人退伙时，合伙财产如何分割或处理？

1999 年 8 月，甲乙丙三人设立了一家合伙企业，主要从事农产品的加工与运输。合伙协议中约定了合伙人入伙与退伙的事由、合伙企业的存续期限、合伙企业的业务经营情况等，但是没有就合伙人退伙时的财产分割作出约定。合伙企业成立后，甲由于被人民法院宣告为无民事行为能力人，于是当然退伙。在甲退伙时，甲的家人要求对合伙企业财产进行分割，但是由于合伙协议没有这方面的约定，于是，乙丙与甲的家人就产生了争议，那么合伙企业的财产如何进行分割呢？

退伙意味着原合伙人与其他合伙人脱离了由合伙协议所设定的一切权利义务。对退伙者来说，退伙使其合伙人的身份归于消失。对合伙企业来说，退伙将引起合伙人部分出资的返还和盈余的分配。对合伙企业的债权人来说，退伙将意味着减少了一个债务担保人和一份担保财产，所以说，无论是声明退伙、还是法定退伙，乃至开除退伙，都必须在合伙人退伙时，对合伙企业的财产状况进行结算。所谓结算，是指对合伙企业的利润分配、债务负担等问题进行清理与了结的行为。结算的目的在于使合伙人能够对合伙企业的财务状况全面了解，以便确定退伙人应分得的财产份额，同时也明确退伙人应承担的债务。结算的主体，一方是退伙人，另一方是其他合伙人。结算的起算时间一般为退伙人的退伙日期。如果合伙人在签订合伙协议时，已经在合伙协议中明确规定了有关合伙人退伙时的结算事项。那么合伙人退伙时，就应该严格依照合伙协议的规定进行结算。退还工作往往涉及退还的数额，退还的方法，退还的时间，退还的方式等，双方应对此作出明确规定。《合伙企业法》第 51 条规定："合伙人退伙，其他合伙人应当与该退伙人按照退伙时的合伙企业财产状况进行结算，退还退伙人的财产份额。"

本案中，虽然合伙协议中没有合伙人退伙时合伙企业财产分割的约定，但是这并不等于合伙企业的财产无法分割。按照《合伙企业法》第 51 条的规定，合伙人之间应进行结算，并

且退还合伙人的财产份额。因此，甲的家人可以要求合伙人对合伙企业的财产进行结算，从而分割合伙企业的财产，取得甲应该取得的部分。

19 退伙时尚未履行完毕的合同该如何处理？

2002 年 2 月，林家三兄弟设立了一家合伙企业，由林一担任合伙企业的事务执行人。合伙企业成立后，林一代表合伙企业与多家购销单位签订了货物买卖合同，合同的履行期限也是各不相同。2002 年 9 月，由于发生了合伙协议约定的退伙事由，于是林一声明自己退出合伙企业。但是在清算合伙企业财产时，发现合伙企业对外签订了很多购销合同，而这些合同有些尚未到期，货款尚未收回，于是林家三兄弟商议将合伙企业的财产清算日期向后推迟，直至购销合同到期再行清算。

合伙人退伙时，尚有未了结的合伙企业事务的，说明此时合伙企业的债权、债务尚有待进一步清理，合伙企业的结算难以进行。只有合伙企业的事务了结以后，合伙企业的财务状况才能清楚，才能进行结算，才能按照《合伙企业法》第 51 条的规定：“合伙人退伙，其他合伙人应当与该退伙人按照退伙时的合伙企业财产状况进行结算……”从而退还退伙人的财产份额。第 51 条还规定：“退伙时有未了结的合伙企业事务的，待该事务了结后进行结算。”

本案中合伙企业结算时有尚未了结的合伙企业事务，在这种情况下，由于合伙企业的财产状况还不明了，合伙企业的财产也就不能结算，必须等到合伙企业事务执行完毕后，才能了结。因此，虽然林一具备退伙事由，可以退出合伙企业，但是却不能分割合伙企业的财产，只有在购销合同履行完毕后，合伙企业的财产才能清算。

20 向以现金出资的退伙人退还财产时，是否只能退还现金？

2002 年 8 月，合伙企业的合伙人张某出现了退伙的事由，于是打算退出合伙企业。但是张某主张合伙企业应退还货币，因为在向合伙企业出资时，张某是以现金出资的，所以退伙时，也应以现金形式向张某返还出资。但是另一合伙人李某却认为，张某的主张不完全正确，在成立合伙企业前，合伙协议中约定，合伙人如果退伙的，合伙企业可以向合伙人返还实物，只要财产价值相当即可，合伙人不能拒绝。因此，张某要求退还现金的说法是不正确的，合伙企业可以向张某退还实物。

退伙人在合伙企业中财产份额的退还办法，往往涉及到退伙人的财产利益能否及时、充分地得以实现。《合伙企业法》第 52 条规定："退伙人在合伙企业中财产份额的退还办法，由合伙协议约定或者由全体合伙人决定，可以退还货币，也可以退还实物。"实践中货币方式往往受到退伙人的普遍欢迎。这是因为：（1）货币的价值固定且相对稳定，不需要进行评估作价；（2）货币具有多种价值和功能；（3）货币的使用具有安全、便捷、流动等特点。实物方式，一般表现为机器、设备、原材料、零部件的保存等。实物方式往往涉及实物的作价、交付、保存、处理甚至产权的取得等事项，一般不受退伙人的欢迎。而法律规定这两种方式可以在合伙协议中约定。

本案中，合伙协议中约定了合伙人退伙时，合伙企业可以向其返还实物，合伙人不能拒绝。因此，如果合伙企业向张某返还的是实物，只要财产价值相当，张某不能拒绝接受。

21 对擅自退伙的合伙人，法律是如何规范的？

2001年1月，从某、项某与田某设立了一家合伙企业。合伙企业成立后，项某作为合伙企业的事务执行人经常在外边联络企业事务，通过与其他公司、企业的接触，项某产生了退出该合伙企业、加入另一公司的想法。2002年8月，项某擅自离开了合伙企业，没有向另外两个合伙人交代自己的去向就不辞而别了。项某离开后，合伙企业的事务一度陷入了停滞状态，直接造成合伙企业损失了5万元。那么从某与田某是否可以追究项某的责任呢？

退伙作为重要的民事法律行为，它直接引起合伙关系的变更。作为声明退伙，法律明确规定了其适用的前提和条件。《合伙企业法》第45条规定：“合伙协议约定合伙期限的，在合伙企业存续期间，有下列情形之一的，合伙人可以退伙：（一）合伙协议约定的退伙事由出现；（二）经全体合伙人一致同意；（三）发生合伙人难以继续参加合伙的事由；（四）其他合伙人严重违反合伙协议约定的义务。”第46条规定：“合伙协议未约定合伙期限的，合伙人在不给合伙企业事务执行造成不利影响的情况下，可以退伙，但应当提前三十日通知其他合伙人。”从这两条规定中可以看出，声明退伙分为两类：一类是在合伙协议约定了合伙企业经营期限时，合伙人的退伙。此类退伙事由有四项：合伙协议约定的退伙事由发生；经全体合伙人同意退伙；发生合伙人难以继续参加合伙企业的事由；其他合伙人严重违反合伙协议约定的义务。另一类是在合伙协议未约定合伙企业经营期限时，合伙人的退伙。此类退伙的条件是：不给合伙企业事务执行造成不利影响；提前三十日通知其他合伙人。违背上述规定的退伙，就是擅自退伙，就应当承担相应的法律责任。关于合伙人擅自退伙的法律责任性质，一般认为是民事违约责任。但擅自退伙的民事违约责任又不同于一般的民事违约行为。一般的民事违约行为，其责任承担形式较多，如支付违约金、支付赔偿金、继续履行等。而擅自退伙的民事违约责任，其责任承担形式仅限于赔偿损失。《合伙企业法》第 47 条规定："合伙人违反本法第四十五条、第四十六条的规定退伙的，应当赔偿由此给合伙企业造成的损失。"

本案中，项某作为合伙企业的事务执行人，本应该尽心尽力地执行合伙企业事务，却因擅自退伙直接导致该合伙企业损失了 5 万元，按照法律规定，项某应向其他合伙人赔偿这 5 万元的损失。

22 合伙人未履行出资义务，应承担何种责任？

2001 年 6 月，甲乙丙三人设立了一个合伙企业，在合伙企业注册登记时，丙提供虚假的出资证明，骗取了工商注册登记，同时也骗取了甲乙的信任。合伙企业成立后，甲乙发现丙存在着未履行出资义务的事实，于是甲乙要求丙履行出资义务，否则，按照《合伙企业法》的相关规定，将丙从合伙企业中除名。

合伙人履行出资义务是合伙企业成立与存续的重要条件。履行出资义务包括按出资方式出资、按出资比例出资、按出资数额出资、按出资期限出资等方面，是合伙人加入合伙企业并享有合伙企业各项权利的前提。未履行出资义务，说明合伙人已严重违约，合伙关系赖以存续的基础发生动摇，合伙关系无法继续存在，其他合伙人因而可以决议将未履行出资义务的合伙人除名。《合伙企业法》第 49 条第 1 款规定：“合伙人有下列情形之一的，经其他合伙人一致同意，可以决议将其除名：（一）未履行出资义务；（二）因故意或者重大过失给合伙企业造成损失；（三）执行合伙事务时有不正当行为；（四）发生合伙协议约定的事由。”第 103 条第 1 款规定：“合伙人违反合伙协议的，应当依法承担违约责任。”合伙人不履行出资义务，是违反合伙协议的行为，应承担违约责任。

违约责任是指当事人因不履行合同义务或者履行合同义务不符合约定条件所应当承担的民事责任。违约责任的方式和范围的确定，具有一定的任意性。《民法通则》第 112 条规定：“当事人可以在合同中约定，一方违反合同时，向另一方支付一定数额的违约金，也可以在合同中约定对于违反合同而产生的损失赔偿额的计算方法。”违约责任是一种财产责任。对违约行为进行制裁，其目的是补救合同中权利人因对方违反合同所造成的经济损失，当然也给违反合同的人予以惩戒。法律规定的违约责任的各种形式，如违约金、损害赔偿等都属于财产责任。违约责任的主要形式包括：赔偿损失、支付违约金、继续履行、采取补救措施等。

本案中，丙没有履行出资义务，构成了严重的违约行为，其他合伙人可以要求丙继续履行出资义务，也可以将其从合伙企业中除名。

23 执行合伙人因重大过失给合伙企业造成损失的，合伙企业是否可以将其除名？

1998 年 7 月，张民之、林浩然与王齐声设立合伙企业，在合伙人全体大会上选举张民之为合伙企业的事务执行人，负责合伙企业的日常事务，并对签订合同与否享有决定的权限。合伙企业成立后，张民之代表合伙企业对外实施了很多民事法律行为，包括合同行为，给合伙企业带来了相应的效益，合伙企业成立后的第一年，合伙企业赢利 5 万元。2000 年，张民之在代表合伙企业对外签订合同时，故意超越自己的合同权限，签订了一份标的额为 10 万元的合同，明显超越合伙协议中规定的权限，给合伙企业造成损失 8 万元。其他合伙人在得知这一消息后，一致决定开除张民之。张民之不服，向人民法院起诉了其他合伙人。

开除是指使合伙人退出合伙企业，使其丧失合伙人地位和身份的法律行为。合伙企业是人合组织，各合伙人必须勤勉敬业，忠实履行义务，维护企业利益。如果合伙人因故意或重大过失给合伙企业造成损失，不仅会严重损害其他合伙人的利益，同时也说明合伙人没有尽到谨慎注意的义务。这样的合伙人已经不能得到其他合伙人的信任和信赖，合伙企业的人合性受到了损害，其他合伙人从维护合伙企业及其自身利益的需要，可以决议将该合伙人予以除名。《合伙企业法》第 49 条第 1 款规定："合伙人有下列情形之一的，经其他合伙人一致同意，可以决议将其除名：（一）未履行出资义务；（二）因故意或者重大过失给合伙企业造成损失；（三）执行合伙事务时有不正当行为；（四）发生合伙协议约定的事由。"法律作出这样规定的目的也是考虑到合伙企业中其他合伙人的利益，是一种比较周全的安排。

本案中，虽然张民之过去曾为合伙企业作出过不小的贡献，但是张民之超越权限的行为也确实给合伙企业造成了不小

的损失，按照我国法律的规定，其他合伙人完全有权将张民之开除，因此，人民法院应支持其他合伙人的主张。

24 将除名决议口头通知被除名人，除名行为是否有效？

2001 年，“时详”合伙企业决定将其中一个给合伙企业造成重大损失的合伙人张某开除。但是合伙企业并没有将除名决议书面通知被除名人，而只是口头告知了张某。被开除后，张某仍然每天照常来合伙企业办公地点上班，其他合伙人觉得非常奇怪。对此，张某认为自己仍然是合伙人，有权利关心合伙企业的事务，合伙企业将其除名的决议并没有生效。那么合伙企业的除名决议是否对张某生效呢？

对合伙人予以除名，是合伙企业的重大事项，是合伙人作为一个整体的强制性规定，必须经其他合伙人一致同意并且作出除名决议。除名决议一般采用书面形式，并载明除名事由。被除名人自接到除名通知之日起，除名生效，被除名人退伙。《合伙企业法》第 49 条第 2 款规定：“对合伙人的除名决议应当书面通知被除名人。被除名人接到除名通知之日，除名生效，被除名人退伙。”除名行为，对每一个合伙人来说，不是一个简单轻率的事，合伙企业必须谨慎对待。当某一个合伙人出现了应被除名的事由后，合伙企业应该履行一定的程序通知被除名人。对此，法律规定了必须采用书面通知书，因为书面形式相对于口头形式来说，更加清晰明了，而且能够作为证据予以保存，而口头形式不确定性很强，如果当事人否认口头形式的内容，另一方当事人很难举证。如果合伙企业只是口头通知被除名人，这样的通知不能起到书面通知的法律效力，是无效的通知，被除名人仍然是合法的合伙人。

本案中，合伙企业对张某作出的除名决议是口头上的，不是书面通知，因此是无效的，张某仍然是合伙人。

25 被除名人对除名决议有异议的，是否可以向人民法院起诉？

2001 年 9 月，合伙企业的执行合伙人朱某在执行合伙企业事务时，以合伙企业名义与第三人签订了购销合同，合同标的额为 10 万元，但是合伙企业在给朱某的授权只允许其签订标的额为 8 万元的合同。合伙企业得知以上事实后，要求朱某赔偿给合伙企业造成的损失，但朱某拒绝赔偿，于是合伙人决定根据《合伙企业法》的相关规定，将朱某除名，并制作了书面的除名决议，将书面的除名决议送交到了朱某手中。朱某在接到除名通知后，认为通知上的除名理由不够充分，不同意合伙企业的除名决议，便将合伙企业告上法庭。但是朱某起诉日期为 2001 年 12 月 18 日，而他接到除名通知是在 2001 年 11 月 3 日，那么朱某能否起诉？人民法院是否应受理呢？

对合伙人予以除名，必须履行一定的法律程序。《合伙企业法》第 49 条规定："……对合伙人的除名决议应当书面通知被除名人。被除名人接到除名通知之日，除名生效，被除名人退伙。被除名人对除名决议有异议的，可以自接到除名通知之日起 30 内，向人民法院起诉。"对合伙人予以除名，是合伙企业的重大事项，是合伙人作为一个整体的强制性决定，必须经其他合伙人一致同意，并且作出除名决议，再将除名决议书面通知被除名人。被除名人自接到除名通知之日起，除名生效，被除名人退伙。在除名决议中，合伙企业会将合伙人之所

以被除名的理由予以说明，然后将该除名决议送交被除名人，如果被除名人对该除名决议有不同意见，按照法律规定，被除名人可以向人民法院直接起诉，而法律没有规定被除名人应首先向合伙企业反映。这样规定简化了当事人对除名决议不满时的维权程序，方便了当事人提起诉讼。但是《合伙企业法》规定了被除名人起诉的期限，即合伙人只能在接到除名通知之日起30日内起诉，否则，如果被除名人超出了法律规定的期限，那么人民法院将不再受理被除名人的起诉。

本案中，朱某不同意合伙企业对他作出的除名决议，朱某有权向人民法院起诉，但是起诉是有条件的，即朱某必须在接到除名通知之日起30日内向人民法院起诉。朱某接到除名通知是在2001年11月3日，但是他起诉的日期却是在2001年12月18日，这个期限已经超过了《合伙企业法》规定的30日，因此，人民法院将不予受理。

26 合伙人死亡的，其继承人是否可以成为新的合伙人？

2002年7月，张某在一次意外事故中不幸丧生。张某所在的合伙企业得知了这一情况后，告知张某的家人，由于其他合伙人不同意张某的继承人加入合伙企业，因此，张某的财产份额只能退还给其继承人。张某的唯一继承人——张某的儿子认为，虽然合伙企业的其他合伙人不同意接受自己作为合伙人，但是合伙协议中却约定了当合伙人死亡时，其继承人可以成为合伙人，于是张某的儿子将其他合伙人告上法庭。

《合伙企业法》第50条第1款规定："合伙人死亡或者被依法宣告死亡的，对该合伙人在合伙企业中的财产份额享有合法继承权的继承人，依照合伙协议的约定或者经全体合伙人一致同意，从继承开始之日起，取得该合伙企业的合伙人资格。”依据本条规定，合伙人死亡后，不仅发生一般的财产份额继承问题，而且也发生合伙人资格的继承问题。这是因为：(1）合伙企业是人合性、封闭性企业，合伙企业附条件（关于吸收的条件，在后文有详述）吸收死亡的合伙人的继承人为合伙人，可以继续保持合伙企业的人合性、封闭性特征；(2）合伙企业在其存续期间，合伙人死亡后，如果附条件地吸收其继承人入伙，就可以保持原合伙企业的财产目前不进行分割，从而避免对合伙企业生存和发展的影响；三、合伙企业能够附条件吸收合伙人的继承人在合伙人死亡时加入到合伙企业当中，有利于形成合伙企业的企业文化，增强合伙人对合伙企业的认同感和归属感。

本案中，合伙协议约定了当合伙人死亡时，其继承人可以成为合伙人，虽然在张某死亡后，其他合伙人一直不同意张某的儿子成为合伙人，但是毕竟合伙协议是成立合伙企业时各合伙人的真实意思表示，每个合伙人理应遵守，因此，张某的儿子可以成为合伙人。

27 合伙人被依法宣告死亡，其继承人是否可以成为新的合伙人？

1998 年 10 月，合伙人甲在一次出差的过程中失踪，而今已逾 4 年，甲的家人向人民法院宣告甲死亡。甲宣告死亡后，其家人要求继承甲在合伙企业的合伙人地位，由于合伙协议中没有关于合伙人死亡后其继承人能否继承合伙人地位的约定，因此，其他合伙人开会对甲的继承人的要求进行表决，最后，合伙人作出决定，不同意甲的继承人直接成为合伙人，只同意向甲的继承人返还甲在合伙企业的财产份额。

合伙人被依法宣告死亡与合伙人自然死亡，在法律上是没有区别的。合伙企业作为人合组织，毕竟不同于公司企业，其吸收合伙人的继承人为合伙人是附条件的。这些条件就是：一、继承人必须对死亡的合伙人在合伙企业中的财产份额享有合法的继承权。依据我国现行的继承法，继承分为遗嘱继承和法定继承。遗嘱继承又称指定继承，是指继承人依照被继承人生前设立的合法有效的遗嘱继承被继承人遗产的继承方式。法定继承，是指继承人的范围、顺序和遗产分配原则均由法律直接加以规定的继承方式。遗嘱继承的效力优先于法定继承。所以说，就具体的继承而言，并不是所有的法定继承人都能继承遗产。在合伙企业中，只有对死亡的合伙人在合伙企业中的财产份额享有合法继承权的人方为继承人。二、依照合伙协议的约定或者经过全体合伙人的同意。这一所附条件的限定，说明合伙人的合法继承人之所以能成为合伙企业的合伙人，并不是其继承了被继承人的地位或身份，而是基于特殊的考虑和需要，按照合伙企业吸收新合伙人的方式，接受死亡的合伙人的合法继承人为合伙企业新的合伙人。三、死亡的合伙人的继承人取得该合伙企业的合伙人资格，从继承开始之日起获得。只有这样，死亡的合伙人在合伙企业中的财产份额才不至于出现权利的“真空”，不会成为“无主”的财产。四、必须是合法继承人自愿成为合伙企业的合伙人。

《合伙企业法》第50条第1款规定：“合伙人死亡或者被依法宣告死亡的，对该合伙人在合伙企业中的财产份额享有合法继承权的继承人，依照合伙协议的约定或者经全体合伙人一致同意，从继承开始之日起，取得该合伙企业的合伙人资格。”

本案中，由于合伙协议中没有对合伙人死亡后继承人能否成为合伙人的约定，因此必须由全体合伙人作出决定。既然合伙人不同意甲的继承人成为合伙人，只同意向其返还甲的财产份额，那么甲的继承人就不能成为合伙人。

28 合法继承人不愿意成为该合伙企业的合伙人时，应当如何处理？

2000 年 7 月，甲的父亲在一次外出代表合伙企业签订合同的过程中，由于交通事故而丧生。甲父亲所在的合伙企业根据合伙协议通知甲，同意甲成为合伙人。甲在接到通知后，告知该合伙企业其不愿意成为合伙人，并要求合伙企业将其在合伙企业的财产份额退还自己。

合伙人的继承人成为合伙企业的合伙人必须满足两个条件：一是全体合伙人的同意。没有全体合伙人的同意，合伙人的继承人不能成为合伙企业的合伙人，这是合伙企业的人合性决定的，因为虽然合伙人的继承人与死亡的合伙人是一家人，但是合伙人之间的信赖性和信任性是其他人不能取代的。二是合伙人的继承人愿意成为合伙企业的合伙人。这两个条件是缺一不可的，在实践中，并不是所有的合伙人的继承人都愿意成为合伙人，原因或者因为该继承人有其他事务需要处理；或者因为该合伙企业的前景不佳，该继承人不愿意继续加入；或者出于其他的原因。合伙企业的合伙人死亡时，其合法继承人的财产继承权并不会因为其不愿意成为合伙企业新的合伙人而受到非法限制与剥夺。合伙企业此时应当对合伙企业的财产状况进行结算，退还该继承人依法继承的财产份额。根据《合伙企业法》第 50 条第 2 款的规定，合法继承人不愿意成为该合伙企业的合伙人的，合伙企业应退还其依法继承的财产份额。

本案中，甲不愿意成为合伙人，这是甲的权利，甲可以选择。既然甲不愿意成为合伙人，那么合伙企业应该对合伙企业的财产进行清算，并退还甲应该继承的财产份额。

29 合法继承人为未成年人的，应如何处理？

2001 年 7 月，合伙人曹某在执行合伙企业事务的过程中，因为意外事故而身亡，他的继承人曹刚尚未满 18 周岁。根据合伙协议，合伙人死亡后，他的继承人愿意成为合伙人的，合伙企业应该与之重新签订合伙协议，吸收其为新的合伙人。但是合伙协议中没有就继承人未满 18 周岁的情形作出任何约定。后来，其他合伙人商量，一致同意曹刚可以成为合伙人，但是在其未成年之前，应由监护人代行其作为合伙人的权利。由于曹刚已经没有父母，故由曹刚的爷爷作为监护人代曹刚行使合伙人的权利，等曹刚成年后，再将合伙人的权利义务移交于他。

合伙企业的合伙人必须具有完全的民事行为能力，那么在合伙人死亡后，其合法继承人为未成年人时，其财产权利如何处理呢？《合伙企业法》第 50 条第 3 款规定："合伙人的继承人为无民事行为能力人或者限制民事行为能力人的，经全体合伙人一致同意，可以依法成为有限合伙人，普通合伙企业依法转为有限合伙企业。全体合伙人未能一致同意的，合伙企业应当将被继承合伙人的财产份额退还该继承人。"该继承人成为成年人时，自行成为该合伙企业的合伙人。监护是指对无民事行为能力人和限制民事行为能力人进行监督和保护。依据现行民法通则的规定，未成年人的监护人主要有三种：一是未成年人的父母担任监护人；二是未成年人的父母已经死亡或没有监护能力的，由未成年人的祖父母、外祖父母；兄、姐；关系密切的其他亲属、朋友愿意承担监护责任的；三是没有上述法定监护人的，由未成年人的父、母的所在单位或者未成年人住所地的居民委员会、村民委员会或者民政部门担任监护人。这些监护人可以代替未成年人行使权利、履行义务。

本案中，由于曹刚没有父母，故而应按照《民法通则》，由其爷爷作为监护人，行使合伙人的权利。

30 退伙人对其退伙前已发生的合伙企业债务，是否承担法律责任？

2000 年 2 月，李林打算退出其已经参与经营了两年的合伙企业，因为合伙协议中没有约定合伙企业的经营期限，因此，李林在查阅了相关法律后，提前 30 日通知了其他合伙人。李林退出合伙企业后，2001 年 1 月，该合伙企业的债权人某商业银行找到该合伙企业，要求合伙企业偿还欠银行的 1 万元债务，由于该笔债务是在李林参加合伙企业时欠下的，于是，该合伙企业的其他合伙人要求李林对该笔债务承担无限连带责任。

退伙人责任的承担仅限于合伙企业的债务，对其他合伙人的个人债务不承担任何责任。所谓合伙企业的债务，是指合伙企业存续期间，合伙企业因对第三人的合同行为或者侵权行为所发生的债务。合伙企业的债务与合伙人个人的债务是两个不同的范畴，关于二者的区别，前文已有详述。只有合伙企业的债务才由退伙人承担。退伙人仅对其退伙前已发生的合伙企业债务承担责任。首先，合伙企业的生产经营是一个连续的过程，合伙人对合伙企业责任的承担是随着合伙企业债务的产生而产生、消灭而消灭的。合伙人退伙前已经发生的债务，体现着退伙人的意志和利益，退伙人在退伙前已对该债务为自己设定了义务。退伙人承担该项债务责任，符合退伙人的意志。其次，合伙人对其退伙前的合伙企业享有权益的同时，也就必然对其退伙前已发生的合伙企业债务承担责任。也就是说，退伙人与其他合伙人共同对退伙人退伙前已经发生的债务承担连带责任。所谓连带责任，是指合伙企业的债权人可以对合伙企业的某一个合伙人，或者几个合伙人，乃至全部合伙人同时或者先后提出履行清偿全部或者部分给付义务的请求，每一个合伙人都有义务清偿全部合伙债务。《合伙企业法》第 53 条规定："退伙人对基于其退伙前的原因发生的合伙企业债务，承担无限连带责任。"

本案中，李林对退伙前存在的合伙企业债务应该承担连带责任，即李林可以拒绝其退伙后合伙企业的债务，但是对于退伙前合伙企业的债务，李林不能拒绝。

31 合伙人退伙时，合伙企业财产少于合伙企业债务的，该退伙人应当承担什么责任？

1999 年 4 月，甲乙丙丁四人设立了一家合伙企业。合伙企业经营了两年后，甲由于出现了不能继续参加合伙企业的事由，故向其他合伙人提出退伙。在查阅合伙协议后，乙丙丁同意了甲的请求。在清算合伙企业的财产时，合伙人发现合伙企业的财产少于合伙企业的债务，因此，乙丙丁要求甲应与三人共同对合伙企业的债务承担法律责任。

合伙人退伙时，合伙企业财产少于合伙企业债务的，合伙企业则出现亏损，对此亏损如何承担呢?《合伙企业法》第54条规定：“合伙人退伙时，合伙企业财产少于合伙企业债务的，退伙人应当按照本法第三十三条第一款的规定分担亏损。”第33条第1款规定：“合伙企业的利润分配、亏损分担，按照合伙协议的约定办理；合伙协议未约定或者约定不明确的，由合伙人协商决定；协商不成的，由合伙人按照实缴出资比例分配、分担；无法确定出资比例的，由合伙人平均分配、分担。”合伙企业经营的结果，无论是有盈余还是亏损，均应分配予各合伙人。如果合伙协议未约定利润分配和亏损分担比例的，在这种情况下，无论出资多少、贡献大小，一律按合伙人数平均分配利润和分担亏损。之所以这样规定，主要是考虑合伙企业毕竟是当事人协议的结果，因此，首先要贯彻意思自治原则，尊重当事人的真实意思，《合伙企业法》有关合伙企业内部关系的一些规定应当是当事人的选择，成为合伙协议的组成部分。这一方面可以增加当事人的选择余地，另一方面也可以避免因合伙协议未作约定或约定无效时可能产生的纠纷和法律空缺，并为解决问题提供法律依据。

本案中，甲在退伙时，由于合伙企业的财产不足以支付合伙企业的债务，因此，甲应与其他合伙人一起清偿合伙企业的债务，对外，甲与乙丙丁对合伙企业的债务承担连带责任；对内，按照合伙协议的约定，按份承担责任或者由各合伙人平均分担。

六、合伙企业的解散与清算

❶ 当合伙人只剩一人时，合伙企业是否还应继续存在？

1999年2月，甲乙二人设立了一家合伙企业，甲为合伙企业的事务执行人。2000年7月，甲在执行合伙企业事务的过程中，突然心脏病发作而死亡。那么甲乙二人设立的合伙企业只剩乙一人，乙根据《合伙企业法》的相关规定，决定解散该合伙企业。

从“合伙”这个词的基本含义就可以知道，合伙企业的成员至少应为两个自然人，这是合伙企业的基本特征所决定的。《合伙企业法》第14条规定：“设立合伙企业，应当具备下列条件：（一）有二个以上合伙人。合伙人为自然人的，应当具有完全民事行为能力；（二）有书面合伙协议；（三）有合伙人认缴或者实际缴付的出资；（四）有合伙企业的名称和生产经营场所；（五）法律、行政法规规定的其他条件。”合伙人的人数限制是合伙企业成立的要件之一，如果设立合伙企业不具备这些要件，那么合伙企业就不能有效设立。但是在合伙企业经营的过程中，合伙企业的要素可能发生变化，包括人数的变化，如合伙人增加，合伙人死亡、退伙等，一旦合伙人数不符合法律规定，合伙企业的存续就会发生问题。《合伙企业法》第 85 条规定："合伙企业有下列情形之一的，应当解散：（一）合伙期限届满，合伙人决定不再经营；（二）合伙协议约定的解散事由出现；（三）全体合伙人决定解散；（四）合伙人已不具备法定人数满三十天；（五）合伙协议约定的合伙目的已经实现或者无法实现；（六）依法被吊销营业执照、责令关闭或者被撤销；（七）法律、行政法规规定的其他原因。"当合伙企业存续期间，因退伙等情况的发生，合伙企业的合伙人可能变为一人，合伙企业就变成了独资企业，应当解散。

本案中，合伙企业本来有甲乙两个合伙人，但是其中的一个合伙人甲已死亡，那么实际上该合伙企业只剩下一个合伙人乙，合伙企业成了独资企业，已失去存在的基础，因此，该合伙企业应该被解散。

2 被依法吊销营业执照的合伙企业还有无存在的必要？

1999 年，甲乙丙三人设立了一家名为"茂祥"的合伙企业，企业成立后主要从事联合运输业务，业务范围遍布全国各个省市。2001 年，合伙人发现运输市场越来越公开化，竞争主体也日益增多，于是几个合伙人商议扩大合伙企业的经营。他们除了联合运输外，还倒卖一些国家已经明令禁止的货物，如野生动植物的标本等。2002 年，由于合伙企业一直从事非法交易，故引起了当地公安部门的注意，在一次联合检查中，公安部门发现该合伙企业从事非法运输的交易额达到了10万元，于是开展了立案侦查，工商部门在得知上述非法行为后，吊销了该合伙企业的营业执照，随后该合伙企业解散。

合伙企业的解散是指合伙企业因某些法律事实的发生而使其民事主体资格归于消灭的行为。合伙企业是一种商事主体，在市场经济中，合伙企业存续的标志是营业执照，也是合伙企业取得法律人格或资格的象征，办理营业执照是国家对合伙企业管理的一种手段。如果合伙企业没有取得营业执照，那么就说明这个合伙企业不具有经营的资格，其市场主体的地位值得怀疑。因此，营业执照对合伙企业来说非常重要。如果合伙企业不合法经营或者不参加企业的年度检验程序，那么合伙企业的营业执照就面临着被吊销的可能。合伙企业的营业执照被依法吊销，表明合伙企业作为独立的民事主体资格已经丧失，合伙企业已不具有独立的人格，应当解散。《合伙企业法》第85条规定："合伙企业有下列情形之一时，应当解散：（一）合伙期限届满，合伙人决定不再经营；（二）合伙协议约定的解散事由出现；（三）全体合伙人决定解散；（四）合伙人已不具备法定人数满三十天；（五）合伙协议约定的合伙目的已经实现或者无法实现；（六）依法被吊销营业执照、责令关闭或者被撤销；（七）法律、行政法规规定的其他原因。"

本案中，"茂祥"合伙企业从事非法运输和交易行为，工商部门理应吊销企业的营业执照，这是国家对合伙企业的处罚措施之一。在吊销了企业的营业执照后，由于该合伙企业已经不具备独立的民事主体资格和独立的人格，故应该根据《合伙企业法》予以解散。

3 合伙协议约定的解散事由出现，合伙企业是否应该解散？

2001 年 8 月，张某、王某、李某、赵某四人设立了一家合伙企业，主要从事服装的加工。合伙协议中约定了合伙人入伙和退伙的事由，以及合伙企业的解散与清算。其中，在合伙企业的解散一节中，合伙人约定，当合伙企业出现亏损或者某一个合伙人死亡时，该合伙企业应该解散并由全体合伙人进行清算。合伙企业成立后，一切事务运转正常，2002 年 12 月，由于签订了一份无法履行的购销合同，致使合伙企业亏损了 7 万元，按照合伙协议的约定，合伙企业应该解散。于是，全体合伙人商议解散该合伙企业并对之进行了清算。

合伙企业解散的事由，又称为合伙企业解散的原因，它是指致使合伙企业解散的法律事实。根据合伙企业解散是否出于自愿，合伙企业解散的事由又分为两类：一类是任意解散事由；一类是强制解散事由。前者是基于合伙企业合伙人的自愿而解散。后者是合伙企业基于法律事实或者行政法规的规定而被迫解散。“合伙协议约定的解散事由出现”，这是合伙企业解散的任意事由。

《合伙企业法》第 85 条规定：“合伙企业有下列情形之一时，应当解散：（一）合伙期限届满，合伙人决定不再经营；（二）合伙协议约定的解散事由出现；（三）全体合伙人决定解散；（四）合伙人已不具备法定人数满三十天；（五）合伙协议约定的合伙目的已经实现或者无法实现；（六）依法被吊销营业执照、责令关闭或者被撤销；（七）法律、行政法规规定的其他原因。”法律这样规定，是法律充分尊重当事人意思的表现之一。合伙企业是当事人设立的一种商事组织，当事人

有设立的自由，也应该有解散的自由。在合伙协议中，合伙人可以在不违反法律规定的前提下就合伙企业的解散情形作出约定，当合伙企业出现了合伙协议中约定的解散事由时，合伙企业应当解散。

本案中，合伙协议中已经就合伙企业的解散的情形进行了约定，因而根据《合伙企业法》的规定，当合伙企业约定的解散事由出现时，合伙人可以解散合伙企业并对合伙企业进行清算。

4 在合伙协议约定的经营期限届满之前，合伙人不愿继续经营的，合伙企业是否应解散？

1999 年 1 月，张某联络好朋友田某与常某共同设立了一家合伙企业，主要从事电信配件的销售业务。合伙协议中约定了合伙人的权利义务，合伙人入伙、退伙等事宜，但是没有对合伙企业的经营期限进行约定。2001 年 1 月，合伙企业已经成立两年了，但是业务开展情况并不太理想，于是，合伙人田某与常某提出了解散合伙企业的要求，理由是合伙企业并没有约定经营期限，合伙人可以随时解散合伙企业。但是张某却认为虽然合伙企业没有约定经营期限，可是个别合伙人不能随意解散合伙企业，如果要解散合伙企业，必须经过全体合伙人的一致同意方可。于是，田某与常某将张某告上法庭，要求法庭判决解散合伙企业。

合伙企业是人合组织，在合伙协议中合伙人可以约定经营期限，也可以不约定经营期限。当合伙协议约定的经营期限已经届满，且合伙人不愿意继续经营时，说明合伙企业存续的基础已经不复存在，合伙企业应当依照合伙人的意思表示进行解散。但是在合伙企业经营期限尚未届满之前，如果某个合伙人不愿意经营合伙企业，那么由于合伙企业的经营期限尚未届满，该合伙人不能随意解散合伙企业；但是如果全体合伙人都同意在合伙企业经营期限尚未届满前解散合伙企业，则该合伙企业可以被解散。《合伙企业法》第 85 条规定：“合伙企业有下列情形之一时，应当解散：（一）合伙期限届满，合伙人决定不再经营；（二）合伙协议约定的解散事由出现；（三）全体合伙人决定解散；（四）合伙人已不具备法定人数满三十天；（五）合伙协议约定的合伙目的已经实现或者无法实现；（六）依法被吊销营业执照、责令关闭或者被撤销；（七）法律、行政法规规定的其他原因。”从法律条文中可以看出，（一）和（三）是两种不同的情形，分别适用于以上所述的不同场合。

本案中，合伙协议没有对合伙企业的经营期限进行约定，田某与常某不能随意解散合伙企业；但是假如全体合伙人一致决定解散合伙企业的，那么合伙企业也可以解散。没有征得张某的同意，田某与常某只能代表部分合伙人的意见，因此，不能随意解散合伙企业，张某的观点是正确的，法庭应支持张某的主张。

5 合伙企业解散，不告知债权人的，如何处理？

1999 年 8 月，某市待业青年甲乙丙三人商议设立一家合伙企业，于是三人分别向各自的亲戚朋友借了 5 万元，成立了合伙企业。合伙企业成立后，甲乙丙三人分别执行合伙企业事务，合伙协议约定三人都有代表合伙企业的权力，于是在对外洽谈业务时，三人经常为了合伙企业的利益签订标的额不同的

购销合同。2000 年 3 月，甲代表合伙企业与某市的一家纺织厂签订了一份购销纺织品的合同，标的额为 10 万元，约定合伙企业应在收到货物后将 10 万元货款一次性打入纺织厂的银行账户。但是由于合伙企业没有找到合适的买主，导致这批货物一直在合伙企业的厂房内闲置，造成合伙企业没有按时将 10 万元打入纺织厂的账户，纺织厂曾发函给合伙企业，要求其尽快履行原购销合同。出现了这种情况后，根据合伙协议，当合伙企业出现亏损时，合伙人可以解散合伙企业，于是甲乙丙三人订立了解散合伙企业的协议，但是却没有通知和公告纺织厂。纺织厂得知以上事实后，将合伙企业告上了法庭。

合伙企业清算是指合伙企业宣告清算后，为了终结合伙企业现存的各种法律关系，依法清理合伙企业债权债务的行为。合伙企业的清算主要包括以下程序：确定清算人、通知债权人、清理财产并编制文件、处理未了事务、清缴所欠税款、清理债权与债务、处理剩余财产、办理注销登记等。通知和公告债权人是合伙企业的必经程序。通知是指对应有明确知道的债权人而言。通告主要涉及以下事项：通告的时间、通告的次数、通知的形式、公告的载体、通告的内容等。通告的时间，一般在清算人确定后的 10 日内进行通告、在 30 天内完成公告。通告的次数，通知一般一次即可，公告一般三次。通知的形式，需要采用书面形式，债权人在收到通知书后，应在通告书回执上签收日期及姓名。公告的载体，一般为企业债权人可能居住的地区范围内以及可能见到的媒体或者其他传播方式。通告的内容主要是申报债权的时间。如接到通知书之日起多少天，或自公告之日起多少天。合伙企业履行通告或公告的程序，这是保证合伙企业债权人切实利益的方法之一，目的是让债权人知晓合伙企业即将解散。因此，通知和公告债权人是合伙企业解散时非常重要的一个步骤，如果合伙企业跳过这一步骤，则意味着合伙企业的解散是不合法的，甚至是无效的。《合伙企业法》第 88 条规定："清算人自被确定之日起十日内将合伙企业解散事项通知债权人，并于六十日内在报纸上公告。"可见，没有通知和公告程序，原则上合伙企业不能解散，不能取得工商注销登记。

本案中，由于合伙企业出现了合伙协议中约定的解散合伙企业的事由，因此，合伙人可以解散合伙企业，这本身没有问题。但是解散合伙企业不是合伙人之间的事务，还涉及到第三人即债权人的保护问题，毕竟合伙企业存续期间，曾在事实上与第三人发生过债权债务关系，因此，应该通知和公告债权人，否则就是违法的，合伙人单方解散合伙企业的行为也是无效的。

6 合伙企业对外负债时，债权人是否可以直接要求全体合伙人承担连带责任？

2000 年 2 月，陶某与林某设立了一家合伙企业，注册资本为 5 万元。在合伙企业经营的过程中由于资金周转困难，故陶某与林某代表合伙企业向李某借了 5 万元，借款协议中约定借款期限为 1 年。2001 年 2 月，借款期限届满，李某要求陶某与林某共同清偿 5 万元债务，理由是当初借款的人是陶某与林某，还款时理应也是陶某与林某；但是陶某与林某提出的抗辩理由为，虽然当初借款的人是他们，但是借款的目的是周转合伙企业的资金，现在偿还不上借款的不是他们，而是合伙企业，因此，债权人李某应先要求合伙企业清偿债务，而不能直接要求全体合伙人承担连带责任。

合伙企业清偿到期债务应先以合伙企业的全部财产进行清偿，不足时，再以合伙人的个人财产清偿。《合伙企业法》第38条规定：“合伙企业对其债务，应先以其全部财产进行清偿。”第39条规定：“合伙企业不能清偿到期债务的，合伙人承担无限连带责任。”本条使用了“全部财产”的字样，这样就存在一个问题，即在合伙企业的“全部财产”用于清偿债务之前，合伙人可否先以个人财产清偿债务？在合伙协议有约定和合伙人自愿清偿的情况下，应认为是可以的。因为虽然合伙企业对外承担无限责任，但合伙企业在成立时各合伙人也必须有一定的出资，合伙人出资后形成的合伙企业财产，尤其是合伙企业的不动产和其他重要资产是合伙企业从事经营活动的重要基础，没有这些重要资产，合伙企业的经营活动就要受到限制或根本就无法进行。所以，应该允许合伙人在以合伙企业的不动产和其他重要资产清偿到期债务之前，经协商一致，主动以合伙人个人财产清偿到期债务，以保证合伙企业的正常经营活动不受影响。

值得注意的是，允许合伙人以个人财产先行清偿到期债务，并不是要求合伙人有补充出资的义务。需要补充出资的，须经全体合伙人协商一致。合伙企业与合伙人承担到期债务的方式是无限连带责任方式，分开来看，即无限责任和连带责任方式的混合。合伙企业的全部财产不足清偿到期债务时，各个合伙人承担合伙企业债务不以出资为限，而必须以个人财产清偿合伙企业债务。如果合伙人个人财产也不足以清偿债务，则合伙人承担合伙企业债务到破产为止，不再追及合伙人的亲属及配偶的个人财产。合伙企业的债权人对合伙企业的债务可以向任何一个合伙人主张，该合伙人不得拒绝。合伙人在承担了合伙企业全部债务后，有权向其他合伙人追偿，其他合伙人对已经履行了合伙企业全部债务的合伙人，承担按份之债，即按自己承担的份额履行债务。合伙企业的债权人向合伙人主张债权时，合伙人不得以其出资的份额大小、合伙协议的特别规定、合伙企业债务另有保证人等理由对抗合伙企业的债权人。

本案中，陶某与林某是合伙人，其代表合伙企业对外的行为应由合伙人来承担责任。合伙企业具有独立的财产，在对外承担责任时，应先由合伙企业的财产进行清偿，合伙企业财产不足清偿时，再由合伙人对合伙企业的债务负连带责任。当然，假如陶某与林某为了不影响企业的生产经营而自愿以个人财产偿还李某的债务也是可以的。

7 合伙企业清算时，人民法院是否可以指定清算人？

1998 年 2 月，谭某与吕某设立了一家合伙企业。合伙企业成立后，由于市场的变化，导致合伙企业的赢利状况一直没有预想的好，因此，合伙企业在成立一年后，谭某与吕某打算解散该合伙企业。但是合伙企业一直没有确定清算人，合伙人作出解散决议是在 1999 年 3 月 3 日，但是直至 3 月 20 日，合伙企业的清算人也没有确定，因此，合伙人的债权人林某向人民法院申请确定清算人。谭某与吕某得知债权人的要求后，也向人民法院提出合伙企业的清算人只能由全体合伙人担任，不能由人民法院指定，那么合伙人的观点是否正确呢？

清算人是指在合伙企业解散过程中依法产生的专门负责清理合伙企业债权、债务的人员。有关合伙企业清算人的规定，

主要涉及以下方面的内容：清算人的产生，清算人的人数，清算人的资格，清算人的法律地位，清算人的职责，清算人的权利、义务和责任等。清算人的产生分为三种情况：（1）由全体合伙人担任清算人。合伙人是合伙企业的财产所有者，合伙人有权对合伙企业的债权、债务作出最后的安排。在合伙企业解散时，由全体合伙人担任清算人，具有以下优点：一是对合伙人而言，能够使合伙企业的清算比较全面、客观、公正，从而避免个别合伙人的利益受到损害；二是对合伙企业而言，可以减少因清算所产生的纠纷，提高清算工作效率，同时可以减少企业清算成本，达到清算经济目标。（2）由合伙人指定或者委托清算人。（3）由人民法院指定清算人。此类清算人的产生是有前提条件的：一是合伙企业的清算未能由全体合伙人担任清算人，清算人由全体合伙人担任有利于合伙企业清算事务的顺利进行，毕竟合伙人对合伙企业的内部事务比较了解，能够节约清算时间，但是并不是所有的合伙企业在清算时，全体合伙人都能担任清算人，如果合伙人中有的人不能担任清算人，就必须委托其他人担任清算人或者由人民法院指定清算人；二是在法定期限内合伙人未确定清算人，这里的法定期限是指合伙企业自解散之日起超过15日未确定清算人，超过了这个期限，意味着合伙人不能确定清算人，为了保障合伙企业事务的尽快了结，人民法院应指定清算人；三是由合伙人或其他利害关系人提出申请，人民法院指定清算人不是依职权进行的行为，而是依当事人申请而为的行为。《合伙企业法》第86条规定：“合伙企业解散……清算人由全体合伙人担任；经全体合伙人过半数同意，可以自合伙企业解散事由出现后十五日内指定一个或者数个合伙人，或者委托第三人，担任清算人。

自合伙企业解散事由出现之日起十五日内未确定清算人的，合伙人或者其他利害关系人可以申请人民法院指定清算人。”

本案中，谭某与吕某的认识很明显与法律的规定不符，合伙人当然可以担任清算人，但是如果合伙人故意或者不愿意担任清算人时，人民法院可以指定清算人，这是法律赋予人民法院的职权。因此，在谭某与吕某不能担任清算人时，债权人林某可以向人民法院申请指定清算人。

8 受委托的第三人是否可以担任清算人？

1999 年 11 月，李林、常明、谭佳三人设立了一家合伙企业。合伙企业成立后，合伙人对于合伙企业的经营方向意见不一，导致合伙企业事务一直停滞不前。2000 年 8 月，在全体合伙人大会上，合伙人一致同意解散该合伙企业，决议作出后，合伙人李林与常明认为应该由全体合伙人担任清算人，但是由于谭佳的个人事务较多，根本无法抽出时间担任合伙企业的清算人，于是李林与常明作出决定，经全体合伙人过半数同意，将合伙企业的清算事务委托给第三人处理。这个决议作出后，合伙企业委托了第三人王保担任合伙企业的清算人。合伙人谭佳在得知这一消息后，坚决不同意王保担任清算人，并提出合伙企业的事务必须由全体合伙人进行清算，不能随意委托第三人处理，于是将李林与常明告上法庭。

清算人是指在合伙企业解散过程中依法产生的专门负责清理合伙企业债权、债务的人员，其产生分为三种情况：(1) 由全体合伙人担任清算人；(2) 由合伙人指定或者委托清算人；(3) 由人民法院指定清算人。其中第二种方式即由合伙人指定或委托清算人，是有以下前提条件的：一是合伙企业的清算人未能由全体合伙人担任，正如上述案例中所述的那样，全体合伙人不一定有时间或有精力担任合伙企业的清算人，可以由合伙人指定或委托其他人担任合伙企业的清算人，或者是由人民法院指定清算人；二是合伙人委托的第三人必须经过全体合伙人过半数同意，因为毕竟第三人受委托的事务是关系到全体合伙人的利益，对此全体合伙人都有决定的权力；三是自合伙企业解散后十五日内作出指定或委托，这是对合伙人委托第三人的时间上的限制，如果超过了这一期限，合伙人尚未委托第三人，则说明合伙人不可能再继续委托第三人，只能由人民法院指定清算人。《合伙企业法》第 86 条规定：“合伙企业解散，应当由清算人进行清算。清算人由全体合伙人担任；经全体合伙人过半数同意，可以自合伙企业解散事由出现后十五日内指定一个或者数个合伙人，或者委托第三人，担任清算人。自合伙企业解散事由出现之日起十五日内未确定清算人的，合伙人或者其他利害关系人可以申请人民法院指定清算人。”

本案中，由于谭佳没有时间担任合伙企业的事务清算人，因此，合伙人李林与常明作出委托第三人王保担任清算人的决议，是符合法律规定的。

9 清算期间，代表合伙企业参与民事诉讼活动的法律主体是合伙企业还是清算人？

2002 年 7 月，合伙人甲乙丙三人决定解散已经成立三年的合伙企业，并由合伙人委托的第三人担任清算人。在清算合伙企业对外债权债务过程中，债权人将合伙企业告上法庭，合伙企业接到法院的应诉通知后，不知应由谁代表合伙企业应诉。那么，代表合伙企业参与诉讼的是合伙企业本身还是清算人呢？

合伙企业的清算是指合伙企业宣告清算后，为了终结合伙企业现存的各种法律关系，依法清理合伙企业债权债务的行为。合伙企业清算人的职责是指合伙企业清算人的职权及其责任，《合伙企业法》第87条对此作了详细规定。合伙企业解散后，合伙企业的法律资格在未注销时仍然存在，但是却受到了一定的限制，合伙企业只能在清算的范围内从事一些事务，代表合伙企业的主体是清算人。清算人可以代表合伙企业参与民事诉讼活动，这是法律赋予清算人的重要民事诉讼权利。清算人确定后，有权就合伙企业的民事权利代表合伙企业到法院起诉或者应诉。《合伙企业法》第87条规定："清算人在清算期间执行下列事务：（一）清理合伙企业财产，分别编制资产负债表和财产清单；（二）处理与清算有关的合伙企业未了结事务；（三）清缴所欠税款；（四）清理债权、债务；（五）处理合伙企业清偿债务后的剩余财产；（六）代表合伙企业参与诉讼或者仲裁活动。"

本案中，合伙人作出了解散合伙企业的决议后，已经委托第三人参与合伙企业事务了，这时对外代表合伙企业的是清算人，由其代表合伙企业起诉和应诉。

10 清算人在执行清算事务时侵占合伙企业财产的，法律如何规范？

2001年，合伙人张思林与李明深决定解散二人设立的合伙企业，并亲自担任合伙企业的清算人。在清算合伙企业事务的过程中，张思林将合伙企业的一辆汽车开回家，并对外宣称是合伙企业解散时分回的财产份额，李明深得知这一消息后，要求张思林归还合伙企业的财产，并承担损害赔偿责任。

对于清算组的职权和义务，《合伙企业法》第 87 条作了规定，合伙企业清算人的职责包括以下几个方面：（1）清理合伙企业财产，分别编制资产负债表和财产清单；（2）处理与清算有关的合伙企业未了结的事务；（3）清缴所欠税款；（4）清理债权、债务；（5）处理合伙企业清偿债务后的剩余财产；（6）代表合伙企业参加诉讼或者仲裁活动。清算人有以下义务：（1）公告、通知债权人；（2）依法分配合伙企业的财产；（3）编制清算报告和收支报表及各种财务账册；（4）忠于职守。如果清算人违反了上述义务，侵占合伙企业财产，就应当承担法律责任。承担责任有两种形式：一是将侵占的财产退还合伙企业，如果给合伙人或者合伙企业造成财产损失的还要承担赔偿责任；二是构成犯罪的应承担刑事责任。《合伙企业法》第 101 条规定："清算人执行清算事务，谋取非法收入或者侵占合伙企业财产的，应当将该收入和侵占的财产退还合伙企业；给合伙企业或者其他合伙人造成损失的，依法承担赔偿责任。"

本案中，虽然合伙企业正在进行清算，但是在清算完毕前，合伙人不能私自做主分割合伙企业的财产。因为毕竟合伙企业的事务还未处理完毕，合伙企业的债权是否存在，数额多少尚不知悉。因而，张思林的行为是错误的，应当将财产归还合伙企业。

11 合伙企业财产在支付清算费用后，按什么顺序清偿其他债务?

2002 年 5 月，合伙人艾明与宣凯决定解散合伙企业。清算合伙企业的过程中，发现合伙企业尚存资产 10 万元，欠招用的职工工资 2 万元，欠当地税务部门税款 1 万元，对外负债 7 万元。当初合伙人出资为：艾明出资 3 万元，宣凯出资 2 万元，现在应按照什么顺序清偿合伙企业的债务？

合伙企业解散并清算的，合伙企业的财产应首先支付清算费用。清算费用包括：（1）管理合伙企业财产的费用，如仓储费、保管费、保险费等；（2）处分合伙企业财产的费用，如聘任工作人员的费用等；（3）清算过程中的其他费用，如通告债权人的费用、调查债权的费用、咨询费用、诉讼费用等。支付完毕清算费用后，合伙企业财产的清偿按照《合伙企业法》第 89 条的规定进行。这一清偿顺序的确定，体现了先债权、后物权的原则。它是法定的，任何人不得违反，否则清偿无效。合伙企业财产依法清偿后仍有剩余时，如果合伙协议有约定的，则依约定的比例进行分配；合伙协议未约定分配比例的，则由各合伙人平均分配。《合伙企业法》第 89 条规定："合伙企业财产在支付清算费用和职工工资、社会保险费用、法定补偿金以及缴纳所欠税款、清偿债务后的剩余财产，依照本法第三十三条第一款的规定进行分配。"

本案中合伙企业对外负债较多，其中欠招用的职工工资 2 万元，欠当地税务部门税款 1 万元，合伙企业对外负债 7 万元，共 10 万元，按照以上法律规定的顺序进行清偿，合伙企业的资产 10 万元刚好能够清偿完毕所有负债，但是合伙人的出资无法返还。

12 合伙企业清算时，其全部财产不足清偿其债务的，各合伙人如何承担责任？

1999 年 3 月，王某兄弟三人设立了一家合伙企业，注册资本为20万元，主要从事鱼饲料的批发和零售。合伙企业成立两年后，亏损了5万元，于是兄弟三人决定解散该合伙企业，转产于其他行业。随后三人订立了解散合伙企业的协议，并决定由三人共同对合伙企业进行清算。清算合伙企业时，三人发现合伙企业的财产只有15万元，但是合伙企业的债务却为18万元，明显的资不抵债。三人在用合伙企业的15万元剩余财产清偿了合伙企业的债务后，打算去工商部门办理注销登记，但是债权人张某提出合伙企业尚欠其债务3万元，合伙企业财产不足清偿时，合伙人应承担连带责任，于是要求兄弟三人承担连带责任。兄弟三人认为合伙企业的财产已经清偿完毕，合伙人没有义务再为合伙企业的债权人清偿债务，不同意清偿。那么债权人张某与合伙人的说法，哪个正确呢？

合伙企业清算后，其全部财产不足清偿其债务的，处理方法包括合伙人与债权人的外部关系和合伙人之间的内部关系两方面内容。就外部关系而言，合伙企业对其债务，应先以其全部财产进行清偿。剩余不足的部分，由各合伙人承担无限连带清偿责任。这里实际已经表明，对合伙企业的债务，清偿时是有顺序的：首先是使用合伙企业的财产，然后才使用合伙人个人的财产。就内部关系而言，以合伙企业财产清偿合伙企业债务时，其不足部分，由各合伙人依照下列比例，用其在合伙企业出资以外的财产承担清偿责任：合伙企业的亏损，由合伙人依照合伙协议约定的比例分担；合伙协议未约定亏损分担比例的，由各合伙人平均分担。

《合伙企业法》第38条规定："合伙企业对其债务，应先以其全部财产进行清偿。"第39条规定："合伙企业不能清偿到期债务的，合伙人承担无限连带责任。"第33条规定："合伙企业的利润分配、亏损分担，按照合伙协议的约定办理；合伙协议未约定或者约定不明确的，由合伙人协商决定：协商不成的，由合伙人按照实缴出资比例分配、分担；无法确定出资比例的，由合伙人平均分配、分担。合伙协议不得约定将全部利润分配给部分合伙人或者由部分合伙人承担全部亏损。”根据以上法律条文的规定，本案中王某兄弟三人合伙设立了合伙企业，但是在清算合伙企业财产时，只有15万元的财产，而有18万元的债务。在这种情况下，合伙企业应先用自己的财产进行清偿，合伙企业的财产不足清偿时，合伙人承担无限连带责任，因此，兄弟三人应当偿还欠张某的3万元债务。

13 合伙企业解散后，原合伙人对合伙企业存续期间的债务是否永远承担连带责任？

1998年2月，李立山与王奎迎设立了一家合伙企业，主要帮助当地的几家公司联络运输业务。合伙企业成立后，第一年由于李立山在当地的关系网络比较畅通，业务开展得比较好，但是时至2000年，业务日渐停滞，于是二人决定终止合伙企业，并订立了解散合伙企业的协议。但是在清算合伙企业的财产时，出现了资不抵债的局面，最后合伙企业还欠债权人5万元，李立山与王奎迎承担了连带责任后，仍有3万元的债务还未还清。合伙企业解散后，债权人不断地向二人索要欠款，但是李立山与王奎迎认为，合伙企业已经解散，债权人不应再向原合伙人索要任何欠款。于是，2001年债权人将二人告上法庭。

合伙企业虽已解散，但合伙人在合伙企业存续期间已从合伙企业获得了一定的经济利益，原合伙人基于权利与义务相一

致的原则，仍应对合伙企业存续期间的债务承担连带责任。这是合伙企业这种组织形式固有的特征，是合伙企业区别于其他组织形式的根本区别所在。但是合伙人的这种连带责任是有条件的，即并不是合伙人在任何时间都必须对合伙企业的债务承担责任，否则，合伙人每时每刻都在疲于应付债权人的要求，就会加重合伙人的个人责任，不利于社会秩序的稳定。所以，法律规定债权人在 5 年内未向债务人提出清偿请求的，该责任消灭。这样规定的目的旨在督促债权人及时主张债权，同时也利于稳定社会经济关系。《合伙企业法》第 91 条规定：“合伙企业注销后，原普通合伙人对合伙企业存续期间的债务仍应承担无限连带责任。”

本案中，合伙企业解散后，仍然欠债权人 5 万元的债务，对这 5 万元的债务，合伙人应该承担无限连带责任。他们的债权人主张自己的债权的，对此，李、王二人仍然应该承担连带责任。

14 清算结束是否意味着合伙企业的消灭？

1998 年 8 月，钱守一与王丙竹设立了合伙企业，注册资本 10 万元。合伙企业成立后，第一年业务进行得还算顺利，合伙企业赢利 8 万元，第二年合伙企业赢利 2 万元，到了第三年，合伙企业的业务进展得非常不顺利，导致当年亏损 15 万元，合伙人决定解散该合伙企业，于是二人订立了解散协议，并对合伙企业财产进行了清算，确定对外负债 8 万元。合伙人也告知并通告了债权人，债权人得知后，直接要求两个合伙人承担责任。对此，钱守一与王丙竹认为，债权人应要求合伙企业承担债务，而不能直接要求合伙人承担责任，还提出合伙企业的清算就意味着合伙企业已经消灭，债权人的债务就可以直接免除了。债权人不同意上述观点，将两个合伙人告上了法庭。

合伙企业清算结束后，清算人应当办理合伙企业注销登记。注销登记的法律意义是消灭合伙企业的民事主体资格。因此，合伙企业清算结束后，并不意味着合伙企业已经消灭，只有在合伙人办理了注销登记手续后，合伙企业的资格才会真正地消灭。而清算结束只能意味着合伙企业内部了结了合伙企业的事务，而对外并不发生消灭合伙企业资格的法律效力。《合伙企业法》第90条规定："清算结束，清算人应当编制清算报告，经全体合伙人签名、盖章后，在十五日内向企业登记机关报送清算报告，申请办理合伙企业注销登记。"

本案中，合伙人认为合伙企业债权人应首先要求合伙企业承担自己的债务，而不能直接要求合伙人承担责任，这种认识是正确的，合伙企业的债务应先用合伙企业的财产进行清偿；但是合伙人的另外一个主张却是不正确的，合伙企业的消灭必须以合伙企业办理注销登记为准，没有办理注销登记的，合伙企业对外来说仍然是存续的，并没有消灭，况且合伙企业本身消灭，也并不意味着债务免除。

15 清算人对资产负债表或者财产清单作虚伪记载的，该如何承担责任？

1998年1月，张长林与王思家设立了一家合伙企业，合伙企业成立后，经营状况一直不错。2000年8月，合伙人张长林在开着企业的车外出拉货的途中，将一行人撞伤，导致合伙企业要赔付5万元的医药费。于是合伙企业陷入了财政紧张

的局面，合伙人王思家提出解散合伙企业的要求，张长林也同意了。由于该合伙企业只有两个合伙人，故二人为该合伙企业的清算人。在编制企业的资产负债表和财产清单时，清算人故意作了虚伪的记载，目的是给债权人造成一种合伙企业财产不佳的印象，从而暂缓支付债权人医药费。债权人得知了上述情况后，将清算人告上了法庭，要求这两个清算人承担民事赔偿责任。

资产负债表是指反映企业某一特定日期内财务状况的一种会计报表，主要记载企业的实有负债的情况。企业的资产负债表通常采用账户格式，某项目由资产、负债和合伙人权益组成，是反映合伙企业各项账户月末余额的报表，填制时的主要依据是账户记载的内容。资产是指合伙企业所拥有的或者控制的能以货币计量的经济资源，包括各种财产、债权和其他权利。负债是指合伙企业所承担的能以货币计量、需要以资产或者劳务偿付的债务，它分为流动负债和长期负债。合伙人权益是合伙人对合伙企业净资产的所有权，包括合伙人对合伙企业投入的资本以及形成的资本公积金、盈余公积金和未分配利润等。合伙企业的资产负债表是合伙企业的一个重要的会计报表，通过合伙企业的资产负债表可以使人们了解一个合伙企业的规模。一般情况下合伙企业的资产越大，合伙企业的规模就越大，合伙企业的经济实力就越强；通过合伙企业的资产负债表，可以看出合伙企业偿还债务的能力，可以了解各项资产的占用和使用情况。财产清单是财产清理的记载，它反映合伙企业的财产状况，因此，对资产负债表和财产清单清算人要作如实记载，准确地反映合伙企业的状况。

《合伙企业法》第 102 条规定：“清算人违反本法规定，

隐匿、转移合伙企业财产，对资产负债表或者财产清单作虚假记载，或者在未清偿债务前分配财产，损害债权人利益的，依法承担赔偿责任。”如果清算人违反了上述义务，那么就要承担相应的法律责任。

本案中，清算人张长林与王思家的行为实际上已经损害了债权人的利益，应该承担民事赔偿责任。

16 合伙企业清算时，首先返还合伙人的出资是否合法？

2001 年 3 月，单仲义、黄敏、邱姗三人设立了一家合伙企业，企业注册资本为 15 万元，每人出资 5 万元。合伙企业成立后，由于几笔交易的失败，合伙企业直接亏损 5 万元，其资产还剩 10 万元。三个合伙人均认为如果合伙企业再这么经营下去，恐怕连现在的 10 万元也保不住。于是，三人商议解散合伙企业。清算人为全体合伙人，在清算过程中，共消耗清算费用 1 万元，在支付完毕这 1 万元清算费用后，清算人将剩余的 9 万元平均分配，每人分得 3 万元。合伙企业的债权人在得知清算合伙企业首先返还合伙人出资的行为后，将三个清算人告上法庭，请求法庭判决清算人将每人分得的 3 万元返还给合伙企业，并将这 9 万元优先用于支付债权人的债权。

合伙企业进行清算时，合伙企业财产的清偿是有顺序的，不能随意清偿。合伙企业解散并清算的，合伙企业的财产应首先支付清算费用。关于清算费用问题，前文已有详述。合伙企业财产依法清偿后仍有剩余时，对此剩余财产，如果合伙协议有约定的，则依约定的比例进行分配。合伙协议未约定分配比例的，则由各合伙人平均分配。《合伙企业法》第 89 条规定：

“合伙企业财产在支付清算费用和职工工资、社会保险费用、法定补偿金以及缴纳所欠税款、清偿债务后的剩余财产，依照本法第三十三条第一款的规定进行分配。”因此，返还合伙人的出资是在最后进行的，这样规定的目的是为了保护债权人的利益。

本案中，清算人将合伙企业的9万元财产优先返还合伙人的行为是不正确的，违反了《合伙企业法》的相关规定，清偿合伙企业的债务应在返还合伙人出资之前，当然，在清偿合伙企业的债务前，也要清偿合伙企业所欠招用的职工工资和劳动保险费用和合伙企业所欠税款，只有在清偿完毕以上两项后，合伙企业的财产才能用于清偿合伙企业的债务，最后返还合伙人的出资。

七、法律责任

1 提交虚假文件或者采取其他欺骗手段，取得企业登记的，各合伙人应如何承担责任？

2001 年，甲乙丙三人设立了一家合伙企业，主要从事农产品的零售业务。合伙企业在办理注册的过程中，甲乙二人没有实际出资，而是向登记机关提交了虚假的出资文件，由于登记机关在审查企业登记时采取的是形式审查，因而没有检查出甲乙二人的虚假出资情况，使得该合伙企业得以成立，取得营业执照，在这种情况下，该合伙企业的各个合伙人应承担什么责任呢？

申请合伙企业设立登记，应当向企业登记机关提交登记申请书、合伙协议书、合伙人身份证明等文件。对于法律、行政法规规定须报有关部门审批的，应当在申请设立登记时提交批准文件。这些文件必须是合法有效的文件，如果申请人不按照上述要求提交文件，或者通过其他不正当途径申请了登记，即违法行为。《合伙企业法》第 93 条规定："违反本法规定，提交虚假文件或者采取其他欺骗手段，取得合伙企业登记的，由企业登记机关责令改正，处以五千元以上五万元以下的罚款；情节严重的，撤销企业登记，并处以五万元以上二十万元以下的罚款。”违反本条规定应当承担的法律责任是行政处罚。所谓行政处罚，是指行政机关依法对违法行为人违反行政管理方面的规定所给予的行政上的制裁。合伙企业违法取得登记应承担的行政处罚包括：（一）责令改正，处以五千元以上五万元以下的罚款。所谓责令改正，是指由合伙企业登记机关依据法律和行政法规的规定要求行为人提供合法有效的文件等。责令改正的同时是否还需处以罚款，这由合伙企业的登记机关决定。如果合伙企业的登记机关认为有必要处以罚款，就必须依照行政处罚的有关规定在五千元以下的范围进行处罚，不得超过五千元；如果超过五千元即属于违法行为，受罚人可以通过提起行政诉讼的方式来保护自己的合法权益。如果合伙企业登记机关认为没有必要处以罚款，在采取了责令改正这种行政处罚后即可结束。对此，需要说明的有两点：一是行政机关对行为人进行处罚，必须依法进行，比如合伙企业登记机关在作出行政处罚决定之前，应当告知当事人作出行政处罚决定的事实、理由及依据，并告知当事人依法享有的权利。合伙企业登记机关必须充分听取当事人的意见，对当事人提出的事实、理由和证据，应当进行复核；当事人提出的事实、理由或者证据成立的，行政机关应当采纳。不得因当事人申辩而加重处罚。另一点是受处罚的行为人在合伙企业登记机关依法作出行政处罚决定后，应当在行政处罚决定的期限内，予以履行。一般情况下应当是在自收到行政处罚决定书之日起十五日内，到指定的银行缴纳罚款。（二）撤销企业登记。这是针对具有“情节严重的”情况来讲的，对于什么是情节严重，这还需要由登记机关根据具体情况作出决定。

本案中，由于甲乙二人是以提供虚假的证明出资文件，从而取得企业登记的，构成违法的欺诈行为，登记机关在发现上述事实后应该责令他们改正，如果情节严重就应该撤销该合伙企业的登记。

2 合伙企业名称中是否可以使用“有限合伙”字样？

2006 年，赵某、单某想设立一家合伙企业，但是二人对合伙企业了解甚少，只是听朋友们提起过这种企业的组织形式，于是，在向登记机关报送企业申请成立材料时，赵某与单某提出的企业名称为“某市单赵经营企业”，登记机关在审查企业登记申请材料时，发现该合伙企业的是有限合伙方式，但该名称中未含有“有限合伙”字样，便责令其限期改正，并驳回其申请。赵某与单某不服裁决，又向登记机关的上一级机关申请行政复议，后被驳回，维持原裁决。

根据《合伙企业法》第 94 条规定，合伙企业未在其名称中标明“普通合伙”、“特殊普通合伙”或者“有限合伙”字样的，由企业登记机关责令限期改正，处以 2000 元以上 1 万元以下的罚款。所以本案中企业登记机关驳回赵某、单某申请合伙企业登记的行为是正确的。因此，法律规定合伙企业的名称中应当包含“有限责任”或“有限”字样。

3 合伙人履行合伙协议发生争议的，有几种解决方式？

1998 年 8 月，甲乙丙三人设立了一家合伙企业，但是合伙协议中没有对履行合伙协议发生争议的解决方法进行约定。

1999 年 3 月，因为甲在对外执行合伙企业事务时，超越了合伙协议约定的权限，于是乙丙二人认为甲的行为违反了合伙协议，应该承担违约责任，但是甲却认为自己的行为是合伙协议规定范围内的事务，并没有超越权限。双方争执不下，于是甲将乙丙告上法庭。乙丙提出异议，主张合伙人之间的争议应该提交当地的仲裁机构进行仲裁，人民法院不应受理，但是甲认为合伙协议中没有约定仲裁的方式，因而，自己可以向人民法院提起诉讼。那么究竟哪一方的说法正确呢？

合伙协议发生争议后解决的途径包括：（1）合伙人可以通过协商或者调解解决。所谓协商解决，是指由合伙协议的当事人在相互理解和谅解的基础上自愿解决合伙协议纠纷的一种解决方式。所谓调解解决，是指合伙协议的当事人在第三人的主持下在相互理解和谅解的基础上自愿解决合伙协议纠纷的一种解决方式。（2）仲裁解决。所谓仲裁也称为公断，是根据有关法律的规定或者当事人的协议，由一定的机构居中解决民事争议的一种法律制度。申请仲裁必须订立仲裁协议，即通过合同中订立的仲裁条款和以其他书面形式在纠纷发生后达成的请求仲裁的协议。仲裁协议应当具有下列内容：一是请求仲裁的意思表示；二是仲裁事项；三是选定的仲裁委员会。（3）诉讼解决。即当事人没有在合伙协议中订立仲裁条款，事后又没有达成书面仲裁协议的，从而向人民法院起诉。也就是说，当事人如果已经订立了仲裁协议，当事人就不能再通过诉讼这种方式解决纠纷。《合伙企业法》第 103 条第 2 款规定：“合伙人履行合伙协议发生争议的，合伙人可以通过协商或者调解解决。不愿通过协商、调解解决或者协商、调解不成的，可以按照合伙协议约定的仲裁条款或者事后达成的书面仲裁协议，向仲裁机构申请仲裁。合伙协议中未订立仲裁条款，事后又没有达成书面仲裁协议的，可以向人民法院起诉。”

本案中，合伙协议中没有对合伙人之间争议的解决方式进行约定，如果争议双方既不能协商解决或者调解解决，又不能事后达成书面仲裁协议，那么任何一方都可以向人民法院起诉，甲的说法是正确的。

4 合伙企业招用的职工利用职务上的便利非法占用合伙企业财产的，该如何处理？

1999 年，江林与黄涛设立了一家合伙企业，合伙企业成立后，业务范围很窄，故两个合伙人足可以应付。2000 年，合伙企业的业务范围扩大了，对外从事经营活动需要雇佣两个职工。于是经人介绍，合伙企业雇佣了临街的王海和郑立。王海与郑立在一次出差过程中，购置了一台笔记本电脑，目的是为了及时联络客户，合伙人江林与黄涛均知晓此事。王海回来后，却没有将笔记本电脑交还公司，而是一直据为己有。江林与黄涛也因为业务繁忙而将购置电脑一事忘却。后来，在清查企业资产时，发现了王海侵占企业财产的行为，于是合伙企业将王海告上法庭，要求其承担侵权责任。

所谓“利用职务上的便利”，是指利用职权或者与职务有关的便利条件。“职权”，主要是指本人职务范围内的权力；“与职务有关”，是指虽然不是直接利用职权，但利用了本人职权或者地位形成的便利条件。合伙企业招用的职工利用职务上的便利非法占有合伙企业财产的，应承担的法律责任包括：（一）民事责任。这里所讲的民事责任，主要是民事赔偿责任，也就是民事侵权责任。职工侵占的财产所有权属于合伙企

业，一旦个人侵占，则构成侵犯财产权的行为。（二）刑事责任。侵犯财产可能构成《刑法》第 271 条规定的职务侵占罪，是指公司、企业或者其他单位的人员，利用职务上的便利，将本单位的财产非法占为己有，数额较大的行为。本罪的主要特征是：（1）本罪侵犯的客体是公司、企业的财产，在合伙企业中，侵占的是合伙企业的财产。（2）本罪在客观方面表现为行为人利用职务上的便利，实施了将本单位的财产非法占为己有，数额较大的行为。（3）本罪的主观方面是故意，即明知是公司、企业的财产，却非法占为己有。（4）本罪的主体是公司、企业或者其他单位的人员。在《合伙企业法》中是指合伙企业招用的职工。构成本罪的，处 5 年以下有期徒刑或者拘役；数额巨大的，处 5 年以上有期徒刑，可以并处没收财产。《合伙企业法》第 96 条规定："合伙企业从业人员利用职务上的便利，将应当归合伙企业的利益据为己有的，或者采取其他手段侵占合伙企业财产的，应当将该利益和财产退还合伙企业；给合伙企业或者其他合伙人造成损失的，依法承担赔偿责任。"第 105 条规定："违反本法规定，构成犯罪的，依法追究刑事责任。"

本案中，王海利用职务上的便利，将企业的资产据为己有，已构成侵权行为，应承担侵权责任。同时，其行为已符合《刑法》中的"职务侵占罪"，应承担刑事责任。

5 虚假出资的合伙人是否应当向合法真实出资的合伙人承担违约责任？

2001 年 9 月，甲乙丙丁四人合意设立了一家合伙企业，主要从事废品的收购和深加工。合伙协议中约定，甲出资 3 万元，乙出资2万元，丙出资4万元，丁出资1万元，并约定各个合伙人应真实出资，否则，未出资或不足额出资的合伙人应向合法真实出资的合伙人承担违约责任，给合伙人造成损失的，应赔偿损失。之后，合伙企业进行了注册登记。合伙企业成立后，甲乙和丁发现丙出资的4万元并没有实际到位，而是采用虚假证明文件的方式骗取了合伙人的信任和登记机关的核准，于是，其他合伙人将丙告上法庭，要求其承担违约责任。

合伙人违反合伙协议的，应当依法承担违约责任。违约责任是指当事人因不履行合同义务或者履行合同义务不符合约定条件所应当承担的民事责任。违约责任的特征如下：（1）违约责任是违反合同行为引起的民事法律后果，即是合同当事人违反合同义务的结果。（2）违约责任的方式和范围的确定，具有一定的任意性。《民法通则》第112条规定："当事人可以在合同中约定，一方违反合同时，向另一方支付一定数额的违约金；也可以在合同中约定对于违反合同而产生的损失赔偿额的计算方法。"即体现了这一特征。（3）违约责任是一种财产责任。对违约行为进行制裁，其目的是补救合同中权利人因对方违反合同所造成的经济损失，当然也是给违反合同的人以惩戒。法律规定的违约责任的各种形式，如支付违约金，损害赔偿等都属于财产责任。

违约责任的构成要件包括：（1）违约行为。违约行为即违反合伙协议的行为。（2）主观过错。主观过错对于违约责任的构成，有着特别的意义。违反合同的民事责任，广泛适用过错推定责任原则。只要当事人有违反合同的行为事实，又不能证明自己没有过错，就推定其主观上有过错。除非其能提出自己没有过错的证明，才不会承担责任。

违约责任的主要形式包括：（1）赔偿损失。（2）支付违约金。违约金，是指当事人违反合同依法律规定或者约定给对方支付一定数额金钱的责任形式。（3）继续履行。（4）采取其他补救措施。适用补救措施，必须具备以下条件：一是一般只有在违约方对合同不适当履行的条件下才适用补救措施；二是采取补救措施必须有可能。合伙协议也是一种合同，合伙当事人必须依法履行，如果不履行即应当承担违约责任。

本案中，丙的行为已明显构成了违约，应承担违约责任，这是合伙协议中明确约定的，各个合伙人理应遵守。

6 工商行政管理机关工作人员为不符合登记注册条件的合伙企业办理营业执照的行为该如何处理？

1999 年 7 月，张甲、李乙与韩丙准备设立一家合伙企业，合伙协议中约定，合伙人分别出资 5 万元，合伙企业登记注册事宜由张甲负责办理。合伙协议中虽然约定了合伙人分别出资 5 万元，但实际上三人并没有那么多的现金进行出资，又因为张甲的哥哥在当地工商局任科长，因此，李乙与韩丙打算让张甲负责合伙企业的注册登记工作，目的是在不出资的情况下取得营业执照，于是张甲在办理合伙企业注册登记时，要求其哥哥为其办理注册事宜，张甲的哥哥不得不利用其职权为该合伙企业取得了营业执照。2000 年 12 月，工商局在年底清理内部事务时，发现了张甲的哥哥滥用职权的上述行为，于是对张甲的哥哥作出了记过的行政处分决定。

国家工商行政管理机关的工作人员是国家公务员，其职责是依法享有国家赋予的权利，并履行相应的义务。如果国家机关工作人员滥用其职权，那么必须对自己的行为承担相应的责任。《合伙企业法》第 104 条规定："有关行政管理机关的工作人员违反本法规定，滥用职权、徇私舞弊、收受贿赂、侵害合伙企业合法权益的，依法给予行政处分。"第 105 条规定："违反本法规定，构成犯罪的，依法追究刑事责任。"

本案中，张甲的哥哥是国家公务员，明知其弟弟的行为不符合法律的规定，可是仍然为该合伙企业办理了营业执照，这是明显的滥用职权的行为，行政机关应给予其行政处分。如果张甲哥哥的行为构成犯罪，他还应承担刑事责任。

附 录

★ 中华人民共和国合伙企业法 ★

（1997 年 2 月 23 日第八届全国人民代表大会常务委员会
第二十四次会议通过　2006 年 8 月 27 日第十届全国
人民代表大会常务委员会第二十三次会议修订
自 2007 年 6 月 1 日起施行）

第一章　总　　则

第一条　为了规范合伙企业的行为，保护合伙企业及其合伙人、债权人的合法权益，维护社会经济秩序，促进社会主义市场经济的发展，制定本法。

第二条　本法所称合伙企业，是指自然人、法人和其他组织依照本法在中国境内设立的普通合伙企业和有限合伙企业。

普通合伙企业由普通合伙人组成，合伙人对合伙企业债务承担无限连带责任。本法对普通合伙人承担责任的形式有特别规定的，从其规定。

有限合伙企业由普通合伙人和有限合伙人组成，普通合伙人对合伙企业债务承担无限连带责任，有限合伙人以其认缴的出资额为限对合伙企业债务承担责任。

第三条 国有独资公司、国有企业、上市公司以及公益性的事业单位、社会团体不得成为普通合伙人。

第四条 合伙协议依法由全体合伙人协商一致、以书面形式订立。

第五条 订立合伙协议、设立合伙企业，应当遵循自愿、平等、公平、诚实信用原则。

第六条 合伙企业的生产经营所得和其他所得，按照国家有关税收规定，由合伙人分别缴纳所得税。

第七条 合伙企业及其合伙人必须遵守法律、行政法规，遵守社会公德、商业道德，承担社会责任。

第八条 合伙企业及其合伙人的合法财产及其权益受法律保护。

第九条 申请设立合伙企业，应当向企业登记机关提交登记申请书、合伙协议书、合伙人身份证明等文件。

合伙企业的经营范围中有属于法律、行政法规规定在登记前须经批准的项目的，该项经营业务应当依法经过批准，并在登记时提交批准文件。

第十条 申请人提交的登记申请材料齐全、符合法定形式，企业登记机关能够当场登记的，应予当场登记，发给营业执照。

除前款规定情形外，企业登记机关应当自受理申请之日起二十日内，作出是否登记的决定。予以登记的，发给营业执照；不予登记的，应当给予书面答复，并说明理由。

第十一条 合伙企业的营业执照签发日期，为合伙企业成立日期。

合伙企业领取营业执照前，合伙人不得以合伙企业名义从事合伙业务。

第十二条 合伙企业设立分支机构，应当向分支机构所在地的企业登记机关申请登记，领取营业执照。

第十三条 合伙企业登记事项发生变更的，执行合伙事务的合伙人应当自作出变更决定或者发生变更事由之日起十五日内，向企业登记机关申请办理变更登记。

第二章 普通合伙企业

第一节 合伙企业设立

第十四条 设立合伙企业，应当具备下列条件：

（一）有二个以上合伙人。合伙人为自然人的，应当具有完全民事行为能力；

（二）有书面合伙协议；

（三）有合伙人认缴或者实际缴付的出资；

（四）有合伙企业的名称和生产经营场所；

（五）法律、行政法规规定的其他条件。

第十五条 合伙企业名称中应当标明“普通合伙”字样。

第十六条 合伙人可以用货币、实物、知识产权、土地使用权或者其他财产权利出资，也可以用劳务出资。

合伙人以实物、知识产权、土地使用权或者其他财产权利出资，需要评估作价的，可以由全体合伙人协商确定，也可以由全体合伙人委托法定评估机构评估。

合伙人以劳务出资的，其评估办法由全体合伙人协商确定，并在合伙协议中载明。

第十七条 合伙人应当按照合伙协议约定的出资方式、数额和缴付期限，履行出资义务。

以非货币财产出资的，依照法律、行政法规的规定，需要办理财产权转移手续的，应当依法办理。

第十八条 合伙协议应当载明下列事项：

（一）合伙企业的名称和主要经营场所的地点；

（二）合伙目的和合伙经营范围；

（三）合伙人的姓名或者名称、住所；

（四）合伙人的出资方式、数额和缴付期限；

（五）利润分配、亏损分担方式；

（六）合伙事务的执行；

（七）入伙与退伙；

（八）争议解决办法；

（九）合伙企业的解散与清算；

（十）违约责任。

第十九条 合伙协议经全体合伙人签名、盖章后生效。合伙人按照合伙协议享有权利，履行义务。

修改或者补充合伙协议，应当经全体合伙人一致同意；但是，合伙协议另有约定的除外。

合伙协议未约定或者约定不明确的事项，由合伙人协商决定；协商不成的，依照本法和其他有关法律、行政法规的规定处理。

第二节　合伙企业财产

第二十条 合伙人的出资、以合伙企业名义取得的收益和依法取得的其他财产，均为合伙企业的财产。

第二十一条 合伙人在合伙企业清算前，不得请求分割合伙企业的财产；但是，本法另有规定的除外。

合伙人在合伙企业清算前私自转移或者处分合伙企业财产的，合伙企业不得以此对抗善意第三人。

第二十二条 除合伙协议另有约定外，合伙人向合伙人以外的人转让其在合伙企业中的全部或者部分财产份额时，须经其他合伙人一致同意。

合伙人之间转让在合伙企业中的全部或者部分财产份额时，应当通知其他合伙人。

第二十三条 合伙人向合伙人以外的人转让其在合伙企业中的财产份额的，在同等条件下，其他合伙人有优先购买权；但是，合伙协议另有约定的除外。

第二十四条 合伙人以外的人依法受让合伙人在合伙企业中的财产份额的，经修改合伙协议即成为合伙企业的合伙人，依照本法和修改后的合伙协议享有权利，履行义务。

第二十五条 合伙人以其在合伙企业中的财产份额出质的，须经其他合伙人一致同意；未经其他合伙人一致同意，其行为无效，由此给善意第三人造成损失的，由行为人依法承担赔偿责任。

第三节 合伙事务执行

第二十六条 合伙人对执行合伙事务享有同等的权利。

按照合伙协议的约定或者经全体合伙人决定，可以委托一个或者数个合伙人对外代表合伙企业，执行合伙事务。

作为合伙人的法人、其他组织执行合伙事务的，由其委派的代表执行。

第二十七条 依照本法第二十六条第二款规定委托一个或者数个合伙人执行合伙事务的，其他合伙人不再执行合伙事务。

不执行合伙事务的合伙人有权监督执行事务合伙人执行合伙事务的情况。

第二十八条 由一个或者数个合伙人执行合伙事务的，执行事务合伙人应当定期向其他合伙人报告事务执行情况以及合伙企业的经营和财务状况，其执行合伙事务所产生的收益归合伙企业，所产生的费用和亏损由合伙企业承担。

合伙人为了解合伙企业的经营状况和财务状况，有权查阅合伙企业会计账簿等财务资料。

第二十九条 合伙人分别执行合伙事务的，执行事务合伙人可以对其他合伙人执行的事务提出异议。提出异议时，应当暂停该项事务的执行。如果发生争议，依照本法第三十条规定作出决定。

受委托执行合伙事务的合伙人不按照合伙协议或者全体合伙人的决定执行事务的，其他合伙人可以决定撤销该委托。

第三十条 合伙人对合伙企业有关事项作出决议，按照合伙协议约定的表决办法办理。合伙协议未约定或者约定不明确的，实行合伙人一人一票并经全体合伙人过半数通过的表决办法。

本法对合伙企业的表决办法另有规定的，从其规定。

第三十一条 除合伙协议另有约定外，合伙企业的下列事项应当经全体合伙人一致同意：

（一）改变合伙企业的名称；

（二）改变合伙企业的经营范围、主要经营场所的地点；

（三）处分合伙企业的不动产；

（四）转让或者处分合伙企业的知识产权和其他财产权利；

（五）以合伙企业名义为他人提供担保；

（六）聘任合伙人以外的人担任合伙企业的经营管理人员。

第三十二条 合伙人不得自营或者同他人合作经营与本合伙企业相竞争的业务。

除合伙协议另有约定或者经全体合伙人一致同意外，合伙人不得同本合伙企业进行交易。

合伙人不得从事损害本合伙企业利益的活动。

第三十三条 合伙企业的利润分配、亏损分担，按照合伙协议的约定办理；合伙协议未约定或者约定不明确的，由合伙人协商决定；协商不成的，由合伙人按照实缴出资比例分配、分担；无法确定出资比例的，由合伙人平均分配、分担。

合伙协议不得约定将全部利润分配给部分合伙人或者由部分合伙人承担全部亏损。

第三十四条 合伙人按照合伙协议的约定或者经全体合伙人决定，可以增加或者减少对合伙企业的出资。

第三十五条 被聘任的合伙企业的经营管理人员应当在合伙企业授权范围内履行职务。

被聘任的合伙企业的经营管理人员，超越合伙企业授权范围履行职务，或者在履行职务过程中因故意或者重大过失给合伙企业造成损失的，依法承担赔偿责任。

第三十六条 合伙企业应当依照法律、行政法规的规定建立企业财务、会计制度。

第四节 合伙企业与第三人关系

第三十七条 合伙企业对合伙人执行合伙事务以及对外代表

合伙企业权利的限制，不得对抗善意第三人。

第三十八条 合伙企业对其债务，应先以其全部财产进行清偿。

第三十九条 合伙企业不能清偿到期债务的，合伙人承担无限连带责任。

第四十条 合伙人由于承担无限连带责任，清偿数额超过本法第三十三条第一款规定的其亏损分担比例的，有权向其他合伙人追偿。

第四十一条 合伙人发生与合伙企业无关的债务，相关债权人不得以其债权抵消其对合伙企业的债务；也不得代位行使合伙人在合伙企业中的权利。

第四十二条 合伙人的自有财产不足清偿其与合伙企业无关的债务的，该合伙人可以以其从合伙企业中分取的收益用于清偿；债权人也可以依法请求人民法院强制执行该合伙人在合伙企业中的财产份额用于清偿。

人民法院强制执行合伙人的财产份额时，应当通知全体合伙人，其他合伙人有优先购买权；其他合伙人未购买，又不同意将该财产份额转让给他人的，依照本法第五十一条的规定为该合伙人办理退伙结算，或者办理削减该合伙人相应财产份额的结算。

第五节 入伙、退伙

第四十三条 新合伙人入伙，除合伙协议另有约定外，应当经全体合伙人一致同意，并依法订立书面入伙协议。

订立入伙协议时，原合伙人应当向新合伙人如实告知原合伙企业的经营状况和财务状况。

第四十四条 入伙的新合伙人与原合伙人享有同等权利，承担同等责任。入伙协议另有约定的，从其约定。

新合伙人对入伙前合伙企业的债务承担无限连带责任。

第四十五条 合伙协议约定合伙期限的，在合伙企业存续期间，有下列情形之一的，合伙人可以退伙：

（一）合伙协议约定的退伙事由出现；

（二）经全体合伙人一致同意；

（三）发生合伙人难以继续参加合伙的事由；

（四）其他合伙人严重违反合伙协议约定的义务。

第四十六条 合伙协议未约定合伙期限的，合伙人在不给合伙企业事务执行造成不利影响的情况下，可以退伙，但应当提前三十日通知其他合伙人。

第四十七条 合伙人违反本法第四十五条、第四十六条的规定退伙的，应当赔偿由此给合伙企业造成的损失。

第四十八条 合伙人有下列情形之一的，当然退伙：

（一）作为合伙人的自然人死亡或者被依法宣告死亡；

（二）个人丧失偿债能力；

（三）作为合伙人的法人或者其他组织依法被吊销营业执照、责令关闭撤销，或者被宣告破产；

（四）法律规定或者合伙协议约定合伙人必须具有相关资格而丧失该资格；

（五）合伙人在合伙企业中的全部财产份额被人民法院强制执行。

合伙人被依法认定为无民事行为能力人或者限制民事行为能力人的，经其他合伙人一致同意，可以依法转为有限合伙人，普通合伙企业依法转为有限合伙企业。其他合伙人未能一致同意的，该无民事行为能力或者限制民事行为能力的合伙人退伙。

退伙事由实际发生之日为退伙生效日。

第四十九条 合伙人有下列情形之一的，经其他合伙人一致同意，可以决议将其除名：

（一）未履行出资义务；

（二）因故意或者重大过失给合伙企业造成损失；

（三）执行合伙事务时有不正当行为；

（四）发生合伙协议约定的事由。

对合伙人的除名决议应当书面通知被除名人。被除名人接到除名通知之日，除名生效，被除名人退伙。

被除名人对除名决议有异议的，可以自接到除名通知之日起三十日内，向人民法院起诉。

第五十条 合伙人死亡或者被依法宣告死亡的，对该合伙人在合伙企业中的财产份额享有合法继承权的继承人，按照合伙协议的约定或者经全体合伙人一致同意，从继承开始之日起，取得该合伙企业的合伙人资格。

有下列情形之一的，合伙企业应当向合伙人的继承人退还被继承合伙人的财产份额：

（一）继承人不愿意成为合伙人；

（二）法律规定或者合伙协议约定合伙人必须具有相关资格，而该继承人未取得该资格；

（三）合伙协议约定不能成为合伙人的其他情形。

合伙人的继承人为无民事行为能力人或者限制民事行为能力人的，经全体合伙人一致同意，可以依法成为有限合伙人，普通合伙企业依法转为有限合伙企业。全体合伙人未能一致同意的，合伙企业应当将被继承合伙人的财产份额退还该继承人。

第五十一条 合伙人退伙，其他合伙人应当与该退伙人按照退伙时的合伙企业财产状况进行结算，退还退伙人的财产份额。退伙人对给合伙企业造成的损失负有赔偿责任的，相应扣减其应当赔偿的数额。

退伙时有未了结的合伙企业事务的，待该事务了结后进行结算。

第五十二条 退伙人在合伙企业中财产份额的退还办法，由合伙协议约定或者由全体合伙人决定，可以退还货币，也可以退还实物。

第五十三条 退伙人对基于其退伙前的原因发生的合伙企业债务，承担无限连带责任。

第五十四条 合伙人退伙时，合伙企业财产少于合伙企业债务的，退伙人应当依照本法第三十三条第一款的规定分担亏损。

第六节 特殊的普通合伙企业

第五十五条 以专业知识和专门技能为客户提供有偿服务的专业服务机构，可以设立为特殊的普通合伙企业。

特殊的普通合伙企业是指合伙人依照本法第五十七条的规定承担责任的普通合伙企业。

特殊的普通合伙企业适用本节规定；本节未作规定的，适用本章第一节至第五节的规定。

第五十六条 特殊的普通合伙企业名称中应当标明“特殊普通合伙”字样。

第五十七条 一个合伙人或者数个合伙人在执业活动中因故意或者重大过失造成合伙企业债务的，应当承担无限责任或者无限连带责任，其他合伙人以其在合伙企业中的财产份额为限承担责任。

合伙人在执业活动中非因故意或者重大过失造成的合伙企业债务以及合伙企业的其他债务，由全体合伙人承担无限连带责任。

第五十八条 合伙人执业活动中因故意或者重大过失造成的合伙企业债务，以合伙企业财产对外承担责任后，该合伙人应当按照合伙协议的约定对给合伙企业造成的损失承担赔偿责任。

第五十九条 特殊的普通合伙企业应当建立执业风险基金、办理职业保险。

执业风险基金用于偿付合伙人执业活动造成的债务。执业风险基金应当单独立户管理。具体管理办法由国务院规定。

第三章 有限合伙企业

第六十条 有限合伙企业及其合伙人适用本章规定；本章未作规定的，适用本法第二章第一节至第五节关于普通合伙企业及其合伙人的规定。

第六十一条 有限合伙企业由二个以上五十个以下合伙人设立；但是，法律另有规定的除外。

有限合伙企业至少应当有一个普通合伙人。

第六十二条 有限合伙企业名称中应当标明“有限合伙”字样。

第六十三条 合伙协议除符合本法第十八条的规定外，还应

当载明下列事项：

（一）普通合伙人和有限合伙人的姓名或者名称、住所；

（二）执行事务合伙人应具备的条件和选择程序；

（三）执行事务合伙人权限与违约处理办法；

（四）执行事务合伙人的除名条件和更换程序；

（五）有限合伙人入伙、退伙的条件、程序以及相关责任；

（六）有限合伙人和普通合伙人相互转变程序。

第六十四条 有限合伙人可以用货币、实物、知识产权、土地使用权或者其他财产权利作价出资。

有限合伙人不得以劳务出资。

第六十五条 有限合伙人应当按照合伙协议的约定按期足额缴纳出资；未按期足额缴纳的，应当承担补缴义务，并对其他合伙人承担违约责任。

第六十六条 有限合伙企业登记事项中应当载明有限合伙人的姓名或者名称及认缴的出资数额。

第六十七条 有限合伙企业由普通合伙人执行合伙事务。执行事务合伙人可以要求在合伙协议中确定执行事务的报酬及报酬提取方式。

第六十八条 有限合伙人不执行合伙事务，不得对外代表有限合伙企业。

有限合伙人的下列行为，不视为执行合伙事务：

（一）参与决定普通合伙人入伙、退伙；

（二）对企业的经营管理提出建议；

（三）参与选择承办有限合伙企业审计业务的会计师事务所；

（四）获取经审计的有限合伙企业财务会计报告；

（五）对涉及自身利益的情况，查阅有限合伙企业财务会计账簿等财务资料；

（六）在有限合伙企业中的利益受到侵害时，向有责任的合伙人主张权利或者提起诉讼；

（七）执行事务合伙人怠于行使权利时，督促其行使权利或者为了本企业的利益以自己的名义提起诉讼；

（八）依法为本企业提供担保。

第六十九条 有限合伙企业不得将全部利润分配给部分合伙人；但是，合伙协议另有约定的除外。

第七十条 有限合伙人可以同本有限合伙企业进行交易；但是，合伙协议另有约定的除外。

第七十一条 有限合伙人可以自营或者同他人合作经营与本有限合伙企业相竞争的业务；但是，合伙协议另有约定的除外。

第七十二条 有限合伙人可以将其在有限合伙企业中的财产份额出质；但是，合伙协议另有约定的除外。

第七十三条 有限合伙人可以按照合伙协议的约定向合伙人以外的人转让其在有限合伙企业中的财产份额，但应当提前三十日通知其他合伙人。

第七十四条 有限合伙人的自有财产不足清偿其与合伙企业无关的债务的，该合伙人可以以其从有限合伙企业中分取的收益用于清偿；债权人也可以依法请求人民法院强制执行该合伙人在有限合伙企业中的财产份额用于清偿。

人民法院强制执行有限合伙人的财产份额时，应当通知全体合伙人。在同等条件下，其他合伙人有优先购买权。

第七十五条 有限合伙企业仅剩有限合伙人的，应当解散；

有限合伙企业仅剩普通合伙人的，转为普通合伙企业。

第七十六条 第三人有理由相信有限合伙人为普通合伙人并与其交易的，该有限合伙人对该笔交易承担与普通合伙人同样的责任。

有限合伙人未经授权以有限合伙企业名义与他人进行交易，给有限合伙企业或者其他合伙人造成损失的，该有限合伙人应当承担赔偿责任。

第七十七条 新入伙的有限合伙人对入伙前有限合伙企业的债务，以其认缴的出资额为限承担责任。

第七十八条 有限合伙人有本法第四十八条第一款第一项、第三项至第五项所列情形之一的，当然退伙。

第七十九条 作为有限合伙人的自然人在有限合伙企业存续期间丧失民事行为能力的，其他合伙人不得因此要求其退伙。

第八十条 作为有限合伙人的自然人死亡、被依法宣告死亡或者作为有限合伙人的法人及其他组织终止时，其继承人或者权利承受人可以依法取得该有限合伙人在有限合伙企业中的资格。

第八十一条 有限合伙人退伙后，对基于其退伙前的原因发生的有限合伙企业债务，以其退伙时从有限合伙企业中取回的财产承担责任。

第八十二条 除合伙协议另有约定外，普通合伙人转变为有限合伙人，或者有限合伙人转变为普通合伙人，应当经全体合伙人一致同意。

第八十三条 有限合伙人转变为普通合伙人的，对其作为有限合伙人期间有限合伙企业发生的债务承担无限连带责任。

第八十四条 普通合伙人转变为有限合伙人的，对其作为普

通合伙人期间合伙企业发生的债务承担无限连带责任。

第四章 合伙企业解散、清算

第八十五条 合伙企业有下列情形之一的，应当解散：

（一）合伙期限届满，合伙人决定不再经营；

（二）合伙协议约定的解散事由出现；

（三）全体合伙人决定解散；

（四）合伙人已不具备法定人数满三十天；

（五）合伙协议约定的合伙目的已经实现或者无法实现；

（六）依法被吊销营业执照、责令关闭或者被撤销；

（七）法律、行政法规规定的其他原因。

第八十六条 合伙企业解散，应当由清算人进行清算。

清算人由全体合伙人担任；经全体合伙人过半数同意，可以自合伙企业解散事由出现后十五日内指定一个或者数个合伙人，或者委托第三人，担任清算人。

自合伙企业解散事由出现之日起十五日内未确定清算人的，合伙人或者其他利害关系人可以申请人民法院指定清算人。

第八十七条 清算人在清算期间执行下列事务：

（一）清理合伙企业财产，分别编制资产负债表和财产清单；

（二）处理与清算有关的合伙企业未了结事务；

（三）清缴所欠税款；

（四）清理债权、债务；

（五）处理合伙企业清偿债务后的剩余财产；

（六）代表合伙企业参加诉讼或者仲裁活动。

第八十八条 清算人自被确定之日起十日内将合伙企业解散事项通知债权人，并于六十日内在报纸上公告。债权人应当自接到通知书之日起三十日内，未接到通知书的自公告之日起四十五日内，向清算人申报债权。

债权人申报债权，应当说明债权的有关事项，并提供证明材料。清算人应当对债权进行登记。

清算期间，合伙企业存续，但不得开展与清算无关的经营活动。

第八十九条 合伙企业财产在支付清算费用和职工工资、社会保险费用、法定补偿金以及缴纳所欠税款、清偿债务后的剩余财产，依照本法第三十三条第一款的规定进行分配。

第九十条 清算结束，清算人应当编制清算报告，经全体合伙人签名、盖章后，在十五日内向企业登记机关报送清算报告，申请办理合伙企业注销登记。

第九十一条 合伙企业注销后，原普通合伙人对合伙企业存续期间的债务仍应承担无限连带责任。

第九十二条 合伙企业不能清偿到期债务的，债权人可以依法向人民法院提出破产清算申请，也可以要求普通合伙人清偿。

合伙企业依法被宣告破产的，普通合伙人对合伙企业债务仍应承担无限连带责任。

第五章 法律责任

第九十三条 违反本法规定，提交虚假文件或者采取其他欺骗手段，取得合伙企业登记的，由企业登记机关责令改正，处以五千元以上五万元以下的罚款；情节严重的，撤销企业登记，并处以五万元以上二十万元以下的罚款。

第九十四条 违反本法规定，合伙企业未在其名称中标明“普通合伙”、“特殊普通合伙”或者“有限合伙”字样的，由企业登记机关责令限期改正，处以二千元以上一万元以下的罚款。

第九十五条 违反本法规定，未领取营业执照，而以合伙企业或者合伙企业分支机构名义从事合伙业务的，由企业登记机关责令停止，处以五千元以上五万元以下的罚款。

合伙企业登记事项发生变更时，未依照本法规定办理变更登记的，由企业登记机关责令限期登记；逾期不登记的，处以二千元以上二万元以下的罚款。

合伙企业登记事项发生变更，执行合伙事务的合伙人未按期申请办理变更登记的，应当赔偿由此给合伙企业、其他合伙人或者善意第三人造成的损失。

第九十六条 合伙人执行合伙事务，或者合伙企业从业人员利用职务上的便利，将应当归合伙企业的利益据为己有的，或者采取其他手段侵占合伙企业财产的，应当将该利益和财产退还合伙企业；给合伙企业或者其他合伙人造成损失的，依法承担赔偿责任。

第九十七条 合伙人对本法规定或者合伙协议约定必须经全体合伙人一致同意始得执行的事务，擅自处理，给合伙企业或者其他合伙人造成损失的，依法承担赔偿责任。

第九十八条 不具有事务执行权的合伙人擅自执行合伙事务，给合伙企业或者其他合伙人造成损失的，依法承担赔偿责任。

第九十九条 合伙人违反本法规定或者合伙协议的约定，从事与本合伙企业相竞争的业务或者与本合伙企业进行交易的，该收益归合伙企业所有；给合伙企业或者其他合伙人造成损失的，依法承担赔偿责任。

第一百条 清算人未依照本法规定向企业登记机关报送清算报告，或者报送清算报告隐瞒重要事实，或者有重大遗漏的，由企业登记机关责令改正。由此产生的费用和损失，由清算人承担和赔偿。

第一百零一条 清算人执行清算事务，牟取非法收入或者侵占合伙企业财产的，应当将该收入和侵占的财产退还合伙企业；给合伙企业或者其他合伙人造成损失的，依法承担赔偿责任。

第一百零二条 清算人违反本法规定，隐匿、转移合伙企业财产，对资产负债表或者财产清单作虚假记载，或者在未清偿债务前分配财产，损害债权人利益的，依法承担赔偿责任。

第一百零三条 合伙人违反合伙协议的，应当依法承担违约责任。

合伙人履行合伙协议发生争议的，合伙人可以通过协商或者调解解决。不愿通过协商、调解解决或者协商、调解不成的，可以按照合伙协议约定的仲裁条款或者事后达成的书面仲裁协议，向仲裁机构申请仲裁。合伙协议中未订立仲裁条款，事后又没有达成书面仲裁协议的，可以向人民法院起诉。

第一百零四条 有关行政管理机关的工作人员违反本法规定，滥用职权、徇私舞弊、收受贿赂、侵害合伙企业合法权益的，依法给予行政处分。

第一百零五条 违反本法规定，构成犯罪的，依法追究刑事责任。

第一百零六条 违反本法规定，应当承担民事赔偿责任和缴纳罚款、罚金，其财产不足以同时支付的，先承担民事赔偿责任。

第六章 附 则

第一百零七条 非企业专业服务机构依据有关法律采取合伙制的，其合伙人承担责任的形式可以适用本法关于特殊的普通合伙企业合伙人承担责任的规定。

第一百零八条 外国企业或者个人在中国境内设立合伙企业的管理办法由国务院规定。

第一百零九条 本法自2007年6月1日起施行。